争做智能时代好家长

施鹏程 著

浙江工商大学出版社
ZHEJIANG GONGSHANG UNIVERSITY PRESS

图书在版编目（CIP）数据

争做智能时代好家长 / 施鹏程著 . — 杭州 ：浙江
工商大学出版社，2017.8

ISBN 978-7-5178-2204-2

Ⅰ . ①智… Ⅱ . ①施… Ⅲ . ①教育改革—研究 Ⅳ .
① G511

中国版本图书馆 CIP 数据核字（2017）第 130575 号

争做智能时代好家长

施鹏程 著

责任编辑	何小玲
封面设计	林朦朦
责任印制	包建辉
出版发行	浙江工商大学出版社
	（杭州市教工路 198 号　邮政编码 310012）
	（E-mail：zjgsupress@163.com）
	（网址：http：//www.zjgsupress.com）
	电话：0571-88904980，88831806（传真）
排　　版	风晨雨夕工作室
印　　刷	杭州五象印务有限公司
开　　本	710 mm×1000 mm　1/16
印　　张	12.25
字　　数	141 千
版 印 次	2017 年 8 月第 1 版　2017 年 8 月第 1 次印刷
书　　号	ISBN 978-7-5178-2204-2
定　　价	30.00 元

自　序

曾经，人们以为，人工智能永远无法在"人类智慧的最后高地"——围棋领域战胜人类，因为围棋实在过于复杂了。然而，人工智能的发展速度超出了人们的想象。

2016年3月，人工智能AlphaGo（阿尔法围棋）在围棋领域向人类发起了挑战，以4∶1的成绩战胜李世石。2017年5月，AlphaGo又以3∶0的成绩完胜人类世界职业围棋排名第一的柯洁，人工智能在围棋领域彻底超越人类，占据排行榜首位。

不管人们愿不愿意，智能时代已经大踏步向我们走来，开始改变我们的工作和生活。很多专家预测，未来人工智能将大规模取代人类工作，李开复博士甚至预言，未来10年50%左右的现有人类工作会被人工智能取代！

人工智能给人类带来的冲击将是巨大的，它迫使我们家长去思考：

● 在智能时代如何成为赢家？

● 家长应该如何培养孩子以迎接智能时代的挑战？

在现今教育生态下，做个好家长已经很不容易了，现在又增加了人工智能带来的新挑战，我们家长该如何应对？

首先，在家庭教育过程中，家长要考虑未来智能时代的新要求。趋势已变，需求已变，然而现在的学校教育大多数还没有为迎接智能时代做好准备。如果家长能够深入思考未来智能时代对人才的要求，提早在家庭教育上因时而变，一定能够给孩子一个更好的未来。

其次，家长应该把阅读家庭教育书籍作为自己开展家庭教育工作的一项重要任务。

人性几千年来几乎没有变化，孩子的成长规律和教育的本质也不会有很大变化，因此，智能时代的家庭教育是过去诸多家庭教育理论的发展。阅读家庭教育书籍，深入理解孩子的成长规律和教育的本质，有助于在新的智能时代环境中，灵活运用前人的教育方法。

家长一定要阅读家庭教育书籍吗？一些家长从来不读书，也把孩子教育得挺好啊？

确实，我们都是没接受过"如何做个好家长"的教育就无证上岗的。少部分家长能够不学而知之，但是，更多的家长不学就不知之。

一些急功近利的家庭教育，短期内见效很快，孩子成绩不错，考了一个好学校，家长也颇为自得。实际上，孩子"精神生命"的成长并不健康，然而，"不学而不知之"的家长看不到。若干年后，当孩子出问题时，家长的人生也会随之陷入悲剧。在这悲剧中，最可怜的还是孩子，他赔上的是他的整个人生。

错误的家庭教育并不一定导致悲剧，就如盐碱地也能够稀疏地长出生命力顽强的植物。不过，错误的家庭教育造成孩子精神上长时间隐痛、潜力无法得到发挥的情况，普遍存在。就像小麦，在肥沃的土壤里能结出沉甸甸的麦穗，而在盐碱地上却只能结出瘪瘪的麦穗。

阅读家庭教育书籍，毫无疑问能够提高家庭教育成功的概率。如果把用于自身成长上的时间视为一种投资的话，那么阅读家庭教育书籍可能是家长所有的投资里收益率最高的投资了。

本书试图建立起对智能时代家庭教育问题进行全面深入思考的总体框架，让家长对自己的所作所为"是否有利于孩子精神生命的健康成长、是否有利于孩子潜力的发挥、是否符合智能时代发展的要求"有更加充分的把握，而不需要等待多年后的检验。

最后，家长一定要把学到的家庭教育知识付诸实践。

在家庭教育领域，知不易，行更难。知道、学到、做到，各自之间有着很远的距离。"纸上得来终觉浅，绝知此事要躬行"，学到的家庭教育知识要在智能时代新形势下实践过，才会有深刻理解，才能"运用之妙，存乎一心"。

而且，行动的力量总是比语言的力量大很多，没有"身教"做支撑的"言教"是苍白无力的。家长最难做到的，便是身教。

人无完人，每位家长都带着自身性格缺点和某些坏习惯，以及不可避免地受到原生家庭的影响，使得我们或多或少在某些阶段或某些范围，不自觉地恶化孩子的成长环境。家长唯有终身学习，时时反省自己，才能更好地身先示范。在教育孩子的过程中，家长其实更是在自我教育、自我完善，成长为更好的自己。

亲爱的家长朋友，如果您能认真阅读本书，然后在家庭教育实践中慢慢体会，相信您一定能做个智能时代好家长。

衷心祝愿您的孩子健康成长，充分发挥自己的潜能，成为智能时代的赢家！

2017 年 7 月

目　录

第三篇 / **培养良好品格**
　　　　——智能时代家庭教育的核心

第四篇 / **激发自我驱动力**
——智能时代家庭教育的关键

跋 / **智能时代家庭教育最重要的原则**

致 谢

第一篇

人工智能改变世界

第一章
智能时代大趋势

一、人工智能正在变革各行各业

AlphaGo 在围棋领域完胜人类的战绩已广为人知，这里不做赘述。实际上，人工智能技术正在进入各行各业，并变革着各行各业。

人工智能在阅读唇语方面的水平已经超越人类。Google（谷歌）子公司 DeepMind 研发的人工智能系统，通过对约 5000 小时的 BBC 电视新闻节目中人说话时候的唇形变动进行数据分析、模式识别，在阅读唇语方面的水平超过了人类专家，目前识别正确率已经达到了46.8%。这个正确率虽然依旧不算高，但远超人类唇语阅读专家 12.4% 的正确率。

在我们使用的智能手机上，中文语音识别的功能已经比过去好太多了。科大讯飞等有人工智能技术加持的语音输入法已经相当好用，正常语速时的错误率相当低。在美国，IBM 公司将人工神经网络与语言模型相结合，开发出了单词错误率为 5.5% 的语音识别系统，已经有点接近人类的听力水平。

人工智能的翻译水平也在进一步提升。2016 年 10 月，Google 发布新版神经机器翻译（GNMT）系统，使用了最先进的训练技术，翻译质量有了较大提升。目前，如果只是翻译比较短的或者比较常用的句子，人工智能翻译的质量已经接近人类笔译人员的平均水准。其实，人工智能翻译已经大量应用于要求不那么精准的翻译情景，比如旅游、网页浏览等。对于合同、技术文档等语言用词相对比较单一准确的文件翻译，也有部分公司已经在使用。

图像识别技术的进展很快。医疗 AI 初创企业 Enlitic 宣布，它们很快就可以用人工智能来解读 X 光片、MRI（核磁共振图像）以及 CT 扫描图像，而且跟放射科医生相比，人工智能不仅速度更快、结果更精确，而且便宜很多，所有病人都将从中受益。

汽车无人驾驶技术也在飞速发展。无人驾驶汽车除了激光测距仪、视频摄像头、微型传感器、车载雷达等硬件以外，依靠的计算核心就是人工智能。2016 年 10 月，特斯拉公司在新闻发布会上声称，所有正在生产的特斯拉汽车，其新增的自动化驾驶硬件都能满足完全的无人驾驶要求，即使车上没有人，汽车也能实现自主驾驶。目前特斯拉公司只是给特斯拉汽车升级了满足完全无人驾驶的硬件，还在对无人驾驶系统进行调校，以确保安全可靠性。

人工智能技术运用于机器人后，机器人越来越聪明了。波士顿动力公司发明的机器狗 SpotMini，配有深度摄像头、固态陀螺仪、雷达及立体传感器等，可以自主躲避障碍物，自主执行许多任务，比如将杯子碗碟放入洗碗机、将罐子扔进垃圾桶等，甚至在踩中香蕉皮摔倒后，它能利用可伸缩脖颈重新站起来。京东集团打造的分拣中心使用分拣机器人取货、扫码、运输、投货。这些分拣机器人在工作中运行流畅而平稳，忙而不乱，还能自动排队、自动充电，减少了86%的分拣人工，而且货物分拣得更快速、及时、准确、安全。

人工智能运用于制造后，自动化制造越来越智能化。视觉和图像技术搭载在摄像头、传感器、雷达等智能硬件内，能够实现对图像信息的获取和分析。信息从传统的单一维度数据拓展为包含速度、尺寸、色谱等信息在内的多维度立体海量数据，并同设计信息和加工控制信息集成，为后续监测、质量检验等生产环节提供数据支撑。机器视觉配合逻辑控制、运动控制、数据采集、通信网络等其他功能，能够完成图像识别、检测、视觉定位、物体测量和分拣等作业内容，特别是将机器视觉技术嵌入工业机器人控制系统后，通过精准化的识别和抓取，大幅提高了生产过程的柔性和灵活性，使自动化系统逐渐实现智能制造。

人工智能也渗透到了教育领域，开启了教育新模式。如科大讯飞公司开发的英语听说智能测试系统，已应用到了广东省的高考口语和江苏省的中考口语测试之中，所有口语数据都由机器来评测，解决了人工评分中组织困难、成本高昂、评分标准难以统一等问题，有利于大规模、常态化听说考试的实施。

人工智能的发展前景，激发风险投资蜂拥进入人工智能及其应用领域，人工智能的几大巨头公司，比如亚马逊、Facebook、Google、IBM、微软等也纷纷加大了对人工智能的投资。2012年，Google开展的人工智能项目只有2个，现在它正在推进的相关项目已超过1000个！

人工智能就是新的电力，100年前电力变革了一个又一个行业，未来人工智能也会做同样的事情, 变革各行各业!

二、什么是人工智能

(一) 人工智能的定义

顾名思义, 人工智能 (Artificial Intelligence, AI) 是指由人工制造出来的系统所表现出来的智能。

智能通常是指学习、理解、沟通、推理、表达、计划、解决问题等的能力, 即人们通常说的 "聪明"。

目前飞速发展的人工智能, 是用机器学习、数据驱动等方法实现的智能。这种人工智能和人类思考过程不同, 是不同于人类智能的 "机器智能"。人工智能在某些方面优于人类智能, 但在更多方面不如人类智能。

(二) 人工智能的实现

人工智能的实现, 依靠的是算法、超强的计算能力和大数据。

算法是对解题方案准确而完整的描述, 是一系列解决问题的清晰指令。

为了应对围棋的巨大复杂性, AlphaGo 使用的算法与 1997 年战胜国际象棋世界冠军卡斯帕罗夫的 IBM "深蓝" 电脑截然不同, 它不再使用 "暴力解题" 法, 而是采用了 "深度学习" 技术。AlphaGo 的程序员只是给计算机提供了一种学习算法，让它观察 TB[1] 级的数据——也就是，训练计算机，让它自行找出识别对象的办法。简而言之，依靠学习算法，这些计算机不仅能够学习了，而且还能通过学习变得越来越聪明！

AlphaGo 通过训练形成了策略网络（Policy Network），将棋盘上的局势作为输入信息，并给所有可行的落子位置生成一个概率分布，然后再结合价值网络（Value Network）进行预测。AlphaGo 将这两种网络整合进基于概率的蒙特卡洛树搜索（MCTS）中，从而在下棋时获得优势。

光有算法还不够，要实现人工智能，还需要超强的计算能力和大数据。

Google 让上万台甚至上百万台服务器并行计算，这使计算机的计算能力有了本质的提升。AlphaGo 的计算能力是 IBM "深蓝" 电脑的 3 万倍！

数据是指 "未经过处理的原始记录"[2]，包括数字、文字、图片、音频、视频等。大数据（Big Data）有三个特征：一是量大；二是多维度；三是完备性。[3] 大数据对于 "深度学习" 必不可少。

三者结合，使计算机实现了人工智能。Google 使用了上万台服务器的运算能力来训练 AlphaGo 将棋盘当前状态转变成获胜概率计算。AlphaGo 下一手棋只需 5 秒钟，下完一局不到 20 分钟，只要不拔掉电源插头，AlphaGo 就能一直训练下去，一星期对局数轻松超越顶尖棋

---

[1] TB：计算机存储单位，万亿字节。1 TB = 1024 GB。

[2] 维基百科。

[3] 吴军：《智能时代》，中信出版集团 2016 年版。

手一生的比赛次数。与高手对弈次数越多，进步越快，Google 使用几十万盘围棋高手之间对弈的数据，并让不同版本的 AlphaGo 相互对弈上千万盘，使它在一年多时间，从零开始，通过学习，在围棋领域彻底超越了人类智能。

三、智能革命将对社会产生巨大影响

世界经济论坛将人工智能带来的智能革命形容为第四次工业革命。历史上，影响力可以与正在进行的智能革命相比的，只有工业革命、第二次工业革命、信息革命。

前三次技术革命有一个共同的特点，那就是，它们促进了社会的发展，同时对当时的社会产生了巨大的冲击，大量跟不上变革的人被甩下疾驰而去的时代列车，经过大约半个世纪甚至更长的时间才消化掉——这批人最终去世了。

正在到来的智能革命将给社会带来的巨大影响，和前三次革命类似。

（一）社会生产总值进一步提高，物质极大丰富

技术进步使个人生产效率和社会生产总值都得到了巨大提升，比如收割机、拖拉机等机械的使用，使仅占美国总人口 1% 的农民让美国成为全球最大的农产品输出国。

人工智能同样能有效提高社会生产率。埃森哲公司调查了 12 个

国家，报告称，到 2035 年，人工智能将帮助这些国家提高 40% 左右的生产率。

未来，人工智能会渗透到每一个行业、每一种工作，提高人们的生产效率。

智能制造将使制造能力越来越强大，越来越定制化，**"供大于求，产能过剩"** 将成为大多数行业的新常态。

在这种新常态下，只有创新，才能创造出新的需求，才能拉动经济增长。

（二）小部分人将获得更巨大的财富

在美国，从 20 世纪 50 年代末到 70 年代初的十几年里，苹果公司的创始人史蒂夫·乔布斯，微软公司的创始人比尔·盖茨和保罗·艾伦，戴尔公司的创始人迈克尔·戴尔，Google 公司的创始人拉里·佩奇和谢尔盖·布林，等等，陆续出生，他们都在自己年富力强时幸运地赶上了技术革新的浪潮，成为巨富。

"任何新技术在开始阶段的核心受益者都是极少的，这并不是所谓的资本家一定要多么残酷地剥削别人，而是技术层面的事实天然地让一部分人的确可以站在这个时代的巅峰。"原腾讯副总裁吴军认为，与其抱怨，不如接受现实，争取加入前 2% 的行列，不被淘汰，"我想说的不是每个人都要到这些公司去工作，而是希望大家接受一个新的思维方式，利用好大数据和机器智能。回顾历次技术革新，首先受益的是和那些产业相关的人、擅于利用新技术的人。"

总之，智能革命的受益人群是不均衡的，少数把握住了时代机遇的人将获得更巨大的财富。

（三）工作岗位将发生结构性变化

2016 年，经济合作与发展组织（OECD）研究表明，预计未来 10—20 年间将有 9%—47% 的工作受到威胁。研究认为，智能制造将主要影响那些技术水平要求较低、工资较低的工作。时薪 40 美元以上的工作，将会受人工智能的影响。

CNN 财经网、美国在线等纷纷预测，一些职业即将被人工智能和机器人取代。2015 年，日本野村综合研究所与美国牛津大学的研究员统计推测，10—20 年后，日本将有 49% 的职业（235 种）可能会因被智能制造和人工智能替换而消失，直接影响约 2500 万人，如超市店员、普通文员、出租车司机、收银员、客服人员、制造业工人、金融中间人、分析师、新闻记者等等。

李开复博士认为，未来 10 年人工智能会在任何任务导向的领域超越人类。人工智能将取代 50% 左右现有人类的工作，包括工人、操作员、分析师、会计师、司机、助理、中介等，甚至部分医师、律师及教师的工作。

目前，这种替换已在进行中。

有人工智能加持的机器人，可以干的事情越来越多。可以灵活搬运、码垛甚至打磨抛光的仿生机械臂，可以同时完成数控加工、包装、测试检验的协作机器人，可以通过语音对答完成指引工作的服务机器人，可以为人们"端茶送水"的陪伴机器人，纷纷出现。

富士康科技集团代工生产苹果 iPhone、iPad 等电子产品，聘用的工人数量曾经高达 100 多万人。现在富士康正在积极推进"机器换人"计划。其江苏昆山市的工厂引入机器人后,工人数量从原来的 11 万锐减到了 5 万。其成都工厂拥有 10 条全自动化生产线,工厂所接到的一体式计算机生产订单已经可以完全使用机器人来组装,不再需要人力。

由此可见,企业需要的劳动力正发生结构性变化——中低技能、高危的岗位被人工智能机器人逐步取代,而调试、维护和控制机器人的技术性岗位正在增加。

被机器"换掉"的工人去哪里了呢?主要是服务业。然而,服务行业也有"机器换人"的尝试。

美国温迪国际快餐连锁集团目前正在 6000 家餐厅里安装自助点餐台,以减少服务员数量。

美国一家名叫 Momentum Machines 的公司开发了一款可以每小时制作 400 个汉堡的机器人,并在旧金山推出了第一家没有人类员工的机器人汉堡餐厅。

流程化的职业,比如普通文员、接线员、旅行社职员、司机、收银员等,在智能时代都将面临就业危机。随着计算机的性能指数增强,价格指数下降,人工智能必然会普及,会越来越多地占据人类的工作岗位,抢走人类的饭碗,取代原来需要人类智能的工作。部分职业可能就此消失,至少是减少需求。

当然,还有很多人工智能做不了的事情,这些工作正是以后人类智能可以发挥长处的地方,比如:创新性工作,人工智能不会创新;需要深度思考的事情,同样是写文章,网上复制粘贴拼凑的工作很快就会被人工智能取代,但采访很多人,写有深度的文章的工作,人工智能取代不了；艺术及文化创作，人工智能无法做到感性自由的创造；人与人之间的服务工作；等等。

（四）失业人员再就业困难

很多 150 年前有的工作，现在已经消失了。其释放出来的劳动力的再分配，需要非常长的时间，还依赖于产生的新需求、新市场、新产业的吸纳，或许新产业在本国根本就没有。

直至无法适应技术发展、无法被消化的劳动力的年龄逐渐大到让他们退出劳务市场时，问题才会逐渐解决。这个时间，在美国，至少要一代人。

在这么长的时间里，这些失业人员将变成"无用"的人，或将长期依赖政府补助。虽然国家养着他们，但是在精神层面，他们是相当痛苦的，人生前景灰暗无希望。

第二章
智能时代谁会是赢家

智能革命会和前三次技术革命一样，在促进社会发展的同时，客观上产生一批赢家和输家。少部分能把握住智能革命的人成了赢家，大量跟不上的人成了输家，被甩下疾驰而去的时代列车。

一、智能时代怎样的人更可能成为赢家

要做智能时代的赢家，我们就要力争成为以下三类人。

（一）参与人工智能产业的人

AlphaGo 其实并不知道自己是在下棋。但是，制造它的人知道。这些制造人工智能的人创造了巨大的价值。

我们不妨想想，自己现在每天有多少时间是挂在微信上的，有多少商品是从淘宝购买的。这些公司在给我们提供价值的同时，自身获

得了巨大的市值,如腾讯和阿里巴巴的市值双双进入全球前十,远超李嘉诚半个多世纪积累的全部上市公司市值的总和。并非马化腾、马云比李嘉诚厉害多少,而是时代变了,他们顺应潮流崛起了。

在腾讯、阿里巴巴公司工作的人也成了赢家。杭州城西多少房子都是阿里员工买去的。

这波智能革命是和工业革命、第二次工业革命、信息革命同级别的革命,也就是说,它将延续很长时间。现在的孩子都有机会参与,相关的专业有数学、计算机科学等。

当然,处于智能革命潮流之中的公司,招聘的并非都是相关专业的学生,其他人才也都需要。关键是要有主动参与其中的意识。进入这类公司,就像进入上行的电梯,你可能并不比同龄人强多少,但就是会因此获益更多,因为别人是在走楼梯。

(二)善于利用人工智能的人

回顾从工业革命开始的前三次重大技术革命,首先受益的都是与那些产业相关的人、善于利用新技术的人。

虽然并非每一个人都能够去开发智能产品,但是应用这些大数据和智能技术,远不如想象中的那么难。

吴军在《智能时代》中举过这样一个例子:[1]

　　我有一位在生意上还算成功的学员,在全国各地开了几

[1] 吴军:《智能时代》,中信出版集团 2016 年版。

百家茶叶店。这个行业有一个特点，就是利润高，但是每天的交易量小，平均每家店每天只有几单生意。

这位老板多少有点苦恼，因为要想把生意做得更大，就需要多建店面，但是店面太多又管不过来。

在我们讨论他如何转型时，我问了他几个问题：

·每家店每天都有多少人进门来转一转？又有多少人完成了茶叶购买？

·这些客人是谁？他们什么时候来到店里？什么时候更可能达成交易？

·如果有些客人是回头客，他们是谁？如果客人们买了一次不再回来，又是为什么？

·常客们每年消费掉多少茶叶？每个人经常消费的是哪种茶叶？价位在哪个档次？

·店面外每天的人流量情况如何？

这些问题，除了每天有多少人达成交易他已经知道外，剩下的一无所知。如果这位老板能够在茶叶店门口装一个传感器，请人做一个手机 App，并且通过给予一些优惠券的形式鼓励到访的顾客安装，就能准确地了解上述信息，包括其中每一个细节。接下来，他就可以找人分析一下如何改进他的生意，如何做推广，等等。

当然，更彻底的改变是利用所获得的大数据信息找到那些经常买茶叶的人，和他们建立起长期的供货关系，这样不仅能有比较稳定的收入，而且还能因为流通渠道成本的降低而提高利润率。

这个例子告诉我们,从事所谓传统行业的人,距离人工智能,其实远比我们想象的要近得多。

（三）于智能时代"有用"的人

社会要求人要"有用"。

在工业时代,生产线上需要大量的产业工人,教育的任务就是要教会孩子写字算术,但无须教得太多,也不需要教得太聪明,否则他们很快就会对这样的流水线工作产生厌烦情绪。这是工业时代"知识无用论"大行其道的原因之一。工业时代最需要的"有用"的人,是个人潜在能力和个性未充分发展的,不具备创造性,但能忍受枯燥乏味重复性工作的人。

在未来智能时代,"供大于求,产能过剩"将成为大多数行业的新常态,人工智能将占据越来越多的人类岗位,社会将不再大量需要无创新能力的人。

于智能时代"有用"的人,将是:

● 能充分发挥人类智能优势的人（比如,想象力、发散性思维、深度思考、意会能力、艺术创造力、美的鉴赏力、情感、复杂环境决策等方面）；

● 个人潜在能力和个性得到了充分发展的人；

● 有创新能力、有创造力、能创造需求的人；

● 能够进行人机交流,善于与人工智能协同工作的人；

● 有自我驱动力的终身学习者。

这样的人，在未来智能时代，有更大机会成为赢家。

二、智能时代怎样才能避免成为输家

智能时代，我们**只有进入人类智能胜过人工智能的领域，才有可能不成为输家。**

随着全球计算能力和数据量的指数增长，计算价格的指数衰减，**任何能用算法描述的地方，人类最终都会输给人工智能！**

但是，我们人类还是能和人工智能共处的，因为我们人类有胜过人工智能的地方。

人类大脑在有逻辑地发挥想象力、进行跳跃性思维方面要比人工智能出色得多；人脑直觉更好、更具创造性、更有说服力；人类还可以结合自己的创造力和让机器人望尘莫及的灵巧，去给人理发或者烹调美食。

"投资创造性方面的教育很好，因为创造力属于（自动化）应该无法取代的技能。"英国国家科技艺术基金会（Nesta）政策和研究主管斯蒂安·韦斯特莱克（Stian Westlake）称。

人类还拥有人工智能无法超越的情感，比如同理心。

"未来的高技能、高薪工作需要的技能，可能对情商的要求高过对智商的要求，并要求工作不仅创造经济价值，还要创造同样多的社会价值。"英国央行的霍尔丹称。

另外，在以下方面，人类智能也胜过人工智能。

（一）在很难用算法描述的任务上

微软亚洲研究院常务副院长芮勇在评价 AlphaGo 时曾对媒体表示："今天所有的人工智能几乎都是来自人类过去的大数据，没有任何一个领域的能力源自自我意识，不管是象棋还是围棋，计算机都是从人类过去的棋谱中学习。其他领域也类似，计算机在做图像识别的时候，也是从人类已有的大数据中学习了大量的图片。在面对人类从来没有教过的问题时，计算机就会一筹莫展。假如让 AlphaGo 去下跳棋，它就会完全傻掉。甚至说把围棋的棋盘稍做修改，从 19×19 的格子变成 21×21 的格子，AlphaGo 都招架不住，但是人类就没有问题。"

在一个封闭、可控的环境中，人工智能比我们想象的还要厉害，但是在开放、多变的环境中，人工智能就没有我们想象的那么厉害，因为在那样的环境中会有例外、意外，它们很难用算法描述。

什么是封闭、可控的环境？

比如仓储工作。仓储搬货机器人只是在仓库里面，从 A 到 B 完成一个固定的任务。这里面场景是封闭的，光线是可控的，路线是受约束的。这种任务，机器人就能做得很好。

什么是开放、多变的环境？

比如聊天。一旦你跳出聊天机器人预设的逻辑，体验立马就会糟糕起来，会让你觉得它非常愚蠢。

比如无人驾驶。无人驾驶系统到了下雨天、下雪天基本都会变得不灵光。

比如航空飞行。现在的"自动飞行"已经到了"久经考验"、极其先进的程度。几乎所有航空公司都号称"自动飞行"可以飞 2 万英里，只有"起飞／降落"的时候还需要人力辅助。那航空公司为什么不取消使用人类飞行员，而完全使用"自动飞行"呢？因为存在意外情况。就像在电影《萨利机长》中，飞机一起飞就被鸟撞穿了双翼，接下来应该如何处理危机，"自动飞行"不知道。航空公司赔不起啊，所以航空公司还是必须聘用高薪的人类飞行员。

人工智能很多时候不是完全替代人类，而是减轻、辅助、增强人类的工作。未来我们要学会与人工智能协同、合作开展工作。

比如无人驾驶汽车，它并非或 0 或 1 的存在——或者"无人驾驶系统"不存在，或者驾驶员不存在，而是有很多过渡阶段。在这些不同等级"无人驾驶系统"的帮助下，我们在正常环境、通常路径，尤其是长途高速路段，能大大减轻驾驶疲劳，同时"无人驾驶系统"能减少菜鸟司机可能的对别人造成的伤害；在异常环境下，则需要由我们人类接管驾驶。

（二）在目标可变环境下

一般计算机程序都是用来做某一类特定工作的，比如 Word 就是文字处理，Photoshop 就是图像处理。这些程序对它们要处理的问题有非常明确的预期，所有功能都必须事先设计好。

人工智能也类似，下围棋的 AlphaGo 不能用来下象棋，人工智能语音识别系统也不能用来识别图像。

而人脑则是一个通用的"设备"，它既能用来下围棋，也能用来下象棋，既能用来识别语音，也能用来识别图像。这么厉害的人类智能，现在的人工智能根本没法达到。

计算机工作的逻辑是，面对一个什么局面，就按照事先设计好的步骤，采取相应的行动。整个过程基本上就是"如果……就……"。环境给它输入的信息非常有限，它不用考虑太多。

人脑则必须能在各种复杂的，甚至是以前根本没有遇到过的环境中做出判断和决定。真实世界中的环境里可能有无数个参数，你根本不知道哪个信息重要，哪个信息可以忽略，那么，简单的"如果……就……"就行不通，因为你根本不知道这个"如果……"后面应该跟什么变量。

人脑的办法是同时启动很多个程序。现在好的计算机一般都有多个 CPU 内核，能同时处理几项任务，而如果把人脑比作并行计算机的话，人脑每时每刻都在同时处理几百万个进程。

比如，看到桌上有个蛋糕，有的进程负责判断蛋糕好不好吃，有的进程负责判断自己是否适合摄入更多脂肪……有的进程还要监视环境中有没有不寻常的东西，时不时提个醒。

我们的一举一动都可能涉及决策和判断，人脑要同时考虑多个可能性，并且评估每个可能性的重要程度，以区分轻重缓急。

人脑想得多，能不拘一格地考虑各种输入信息，所以人脑能在一定程度上应付从来没见过的新局面。这是非常厉害的智能，更何况，整个过程在几百毫秒甚至几毫秒间就完成了。现在的人工智能根本达不到这样的水平。[1]

所以，**人工智能和人类并非只有竞争关系，当我们以多见识、善决策、多任务角色出现时，就会发现，人工智能是我们更具执行力的**

[1] 万维钢：《听大脑说话和给大脑编程》，"得到"App，"万维钢专栏"。

下属。

（三）在没有大数据支撑的领域中

加州大学伯克利分校的发展心理学家艾莉森·高普尼克（Alison Gopnik）对幼儿学习模式进行了研究[1]，发现孩子的学习模式不是靠数据积累，而是靠对周围人和环境的探索和测试。

小孩子学习新东西的能力非常强，他们根本不需要什么大数据，很多东西看一遍就会。你今天跟他说个新词，明天他就能用上，还用得挺好。

他先根据已经掌握的少量信息，推测出一个假设。等新的信息来了，他就用新的信息验证这个假设。如果新信息符合这个假设，他就提高假设的可信度；如果不符合，他就降低假设的可信度。

比如，你告诉小孩子一个新单词，他一开始并不知道这个词的精确含义和用法，但他可以根据当时的情境先猜测。一有机会，他就会在不同的场合说出这个词，并且观察你的反应。如果你表示他用对了，他就会进一步确定这个词的含义；如果你告诉他用错了，他就会进行相应调整。

高普尼克说，一个 15 个月大的婴儿学习事物因果关系的速度，会较年龄比他大的孩子更快，这是因为婴儿大脑的可塑性更强。之前掌握的信息越弱，你改变自己看法的可能性就越大。这就是为什么小孩学东西比大人快。

---

[1] Samantha Olson: *Artificial Intelligence Has a Lot to Learn From Babies*, International Business Times, 2016-11-20.

　　现在已经有不少科学家开始模拟婴儿的学习方法，去建立新的机器学习算法。比如，《科学》杂志上有篇论文，就是用这个方法识别不同语言的手写文字。只要给这个新系统一两个例子，它就能对文字做出大致的判断，甚至能拆解笔画，重新组合，效果很不错。这简直有点像科幻电影《降临》（*Arrival*）里面，人类语言学家在学习外星人文字时使用的方法。

　　但是，根据这种算法制造的人工智能仍然远远比不上一个婴儿。婴儿要做的第一步是先提出一个猜测，可是目前没有一个人工智能可以做到主动猜测，都需要让人来做"猜测"这个动作。得在人已经列出了所有可能性的情况下，人工智能才能根据下一次的学习，来调整各种可能性的概率大小。

　　孩子是有目标地主动学习，而人工智能完全是被动的。孩子想知道一个单词的含义，一定是发自内心地想要去了解，并且他知道学习到了什么程度就可以中止。而人工智能既不知道要学什么，也不知道该学多长时间，全靠人类告诉它。[1]

　　所以，**在没有大数据支撑的领域，人类智能远远高于人工智能。**

---

[1] 万维钢：《人工智能，能婴儿乎？》，"得到"App，"万维钢专栏"。

第二篇

付真爱，重家教

——智能时代好家长守则

第三章
真爱让孩子无惧智能时代的挑战

不管时代如何变迁，不管技术如何改变社会，人类的基因决定了，孩子的健康成长，都需要父母的真爱。一个智能时代好家长，不在于把家打造得多么智能化，也不在于让孩子拥有多少智能产品，而在于给孩子真爱。真爱无敌，有了家长的真爱，你的孩子才有可能健康成长，无惧智能时代的挑战。

那么，一个智能时代好家长，应该在哪些方面给孩子真爱呢？

一、给孩子无条件的爱，关注精神生命发展

我们探讨家庭教育，首先要厘清，家庭教育是在父母与孩子之间展开的。相比别人，父母对于孩子有不可替代性。

未成年的孩子会与外界发生各种联系，包括与父母、祖父母、师长、兄弟姐妹、同学、朋友、陌生人、社会等等，从而获得各种需要。考察孩子的精神生命成长历程，**孩子将从承担"情感上的父母"职能的人**

那里获得精神支持与安全的需要。

"情感上的父母"职能是不可或缺，无法被替代的。

我们要注意的是，"名义上的父母"（包括生理上的父母、养父母），实际上并非一定承担了"情感上的父母"职能。典型的例子是古代的皇子，童年时期，他们同乳母的接触机会远远超过同自己的生母，他们对乳母的感情也经常超过对自己的生母。显然，乳母承担了"情感上的父母"职能，因此，很多皇子长大后，即便做了皇帝，仍旧对乳母怀有深厚的感情。

有些"名义上的父母"角色，并没有承担多少"情感上的父母"职能，只是承担了师长职能，一味地严格要求孩子。翻看那些自杀少年的案例，没有一个不是活在高压、严酷的成长环境中。他们是没有成功的"虎爸""狼妈"的孩子，自我感觉不优秀、不配活，承载不了父母的期待，最后走上了绝路。

有些"名义上的父母"角色，甚至缺席了"情感上的父母"职能。如果有其他人代替"名义上的父母"角色，承担起"情感上的父母"职能，孩子还是能健康成长的。但如果没有其他人代替，孩子始终缺少"情感上的父母"，并且接受的是不良抚养的话，很可能导致行为问题甚至精神疾病。

英国连续剧《憨豆先生》里面，憨豆先生走到哪里都带着玩具熊泰迪。很多人觉得有趣。其实在现实生活中，不乏这样对童年时代的物品或玩具产生强烈依赖甚至依恋程度达到病态的人。这种情感的源头正是安全感的缺失。这种情况容易在下面这些家庭里出现：孩子很小就和父母分开，长期见不到父母；平时主要是老人或保姆带，与父母相处的时间太少，而老人或保姆又不善言辞；家长与孩子身体亲密接触的时间太少；孩子大多时间处于无聊状态；孩子与外界接触太少；不懂得或不注重对孩子精神力量的培养。

其实，这些情况的发生，都是因为孩子缺乏"情感上的父母"，缺乏精神支持和安全感。依赖物品或玩具还是很轻微的，严重的会造成精神疾病。

今年 12 岁的小菲在肇庆上学，与性格孤僻的奶奶相依为命，她父母在广州打工。随着与父母分离日长，她开始变得多疑、敌对、封闭起来。成绩一落千丈不说，以前爱好学习的她现在经常旷课、逃学、无故发呆。

三九脑科医院心理行为科医生温金峰说："小菲表现为明显的敏感、多疑，而且称闻到常人根本无法闻到的'异味'，属明显的幻嗅行为。经过综合评估，小菲被初步诊断为儿童精神分裂症。"

三九脑科医院心理行为科的统计显示，因儿童精神分裂症、孤独症、自闭症等精神问题入院的儿童患者，每年至少 50 例，大多是家庭结构不健全，要么是靠老人抚养，要么是大孩子带小孩子的留守儿童。

未来，智能时代，模拟人类情感的人形机器人，可能会为缺失"情感上的父母"的孩子提供精神支持和安全感，承担起"情感上的父母"职能。

日本软银公司开发了一款能与人交流的情感机器人

Pepper，开售一分钟，首批 1000 台情感机器人即全部售罄。Pepper 能通过情绪分析等机器学习算法处理相关数据，结合传感器处理环境信息，最终计算出机器人应该表现的情感状态。拥有情感能力让 Pepper 更像是家庭生活中的一员，与人们自然相处，伴随孩子成长。

但是，再完美的情感机器人，也不是人，也不能代替孩子的生身父母。真爱，不是人工智能可以给予的。

对于大多数人来说，"情感上的父母"职能都应该由亲生父母来承担。父母可以不承担师长的职能、朋辈的职能，但必须承担"情感上的父母"职能。

承担"情感上的父母"职能，就是要：

真爱子女——父母无条件地爱孩子，关注孩子的精神生命。

在过去的几个世纪，坏血病使大量海员患上严重的疾病，直至病死。在长期的航海过程中，经常有一半的海员死于这种病。他们的症状有牙龈出血、牙齿松动、伤口不能愈合、关节处疼痛流血、身体虚弱等，并最终死去。医生用尽所有的医术去医治他们，清理伤口并用绷带包扎，清理牙龈，吃药，增加食物等，但是都徒劳无功，因为医生只依照病症治疗而没有找到真正的病因。

后来，英国船长库克强制他的船员吃柑橘类的水果和酸白菜，他的船员因此只有一人死于坏血病。英国人由此认识到水果对坏血病的治疗作用。现在我们知道这些人死于缺少维生素 C。

同样,在孩子成为"问题学生"时,很多家长试图控制孩子的行为,但往往难以如愿。因为家长就像以前的医生一样,只依照病症治疗而没有找到真正的病因。

真爱,就像身体不能缺少的维生素 C 一样。[1] 有了真爱,孩子才能拥有精神支持和安全感,才能健康成长。

在家庭教育领域,有些专家这样讲,有些专家那样讲,很多观点是没有验证过的,我们要把握最重要的精髓,就是:真爱子女。只要把握住了这一点,即使具体行为上有所出入,问题也不大,毕竟孩子没那么脆弱。

（一）给孩子无条件的爱

"有条件的爱"是你的表现让我满意,我才爱你。

"无条件的爱"是不管你怎样,我都爱你。这才是真爱。

（1）**无条件的爱,是真心赏识孩子**。人性渴望得到尊重和欣赏。[2]赏识会使孩子产生"我是好孩子"的良好的自我形象,而人的发展,靠的就是自我的觉醒和努力。每个孩子都能学会走路,每个孩子都能学会讲话,每个孩子也都能成才,只要家长像用欣喜的态度看着孩子学走路、学说话一样,去看待求学阶段的孩子,孩子必定会成才。

（2）**无条件的爱,是用心感受孩子的内心、情绪、感受,认真倾听**

---

[1] 格雷格·拜尔:《真爱子女》,中国铁道出版社 2009 年版。

[2] 周弘:《赏识你的孩子（全新版）》,广东科技出版社 2004 年版。

孩子的话。人性渴望得到倾听和理解。

（3）**无条件的爱，是尊重、爱孩子本身，而不含自己的私心**。很多家长望子成龙、望女成凤，将自己未实现的理想强加在孩子身上，用孩了的成绩来满足自己的虚荣心等。这是不可取的。

（4）**无条件的爱，是尊重孩子的个性和选择**。让孩子选择自己喜欢的活动，而不是根据父母的兴趣爱好做选择，因为那样容易使孩子丧失个性。

无条件的爱是我们每个人内心最深处的渴求，它能给予孩子心理上最大的安全感。

当孩子取得好成绩，或者乖乖听话时，爱是容易给出的。家长会笑眯眯地拥抱孩子，和蔼地说话、夸奖。

当孩子成绩不好，不听话，没责任心，在公众场合影响他人时，给孩子真爱就很难做到了。家长可能会不假思索地对他们流露出不悦、不耐烦甚至愤怒。这时，家长需要智慧，用心体察，既要让孩子感受到家长无条件的爱，又要让孩子知道自己长期的幸福需要品格的完善和心智的成熟。

家长可以反馈或者批评孩子的具体行为和习惯，明确表达对孩子某些行为的意见及其他感受，同时说清楚这种行为、习惯会如何影响他们未来的幸福。孩子是敏感的，他们能区分出"为了他们的成长"的批评和"为了家长自己的面子"的批评的不同。

当孩子面对失败时，给他们多一些无条件的爱，鼓励和陪伴他们站起来，别让他们孤独地面对这个世界。那些在冷漠或严苛中长大的孩子，常常草木皆兵，终生都活在别人的期待里，寻求爱与认可。

家长给予孩子所需的真爱，在这个过程中，他们原来表现出来的不良症状就会慢慢消失或者被预防了，就像坏血病因为维生素 C 的使用而根除一样。

就像植物要有土壤才能生长，孩子的成长也要有真爱的土壤。没有了真爱，即使有其他的一切也是不够的。缺乏父母真爱的孩子，可能依旧会获得好成绩，但拥有幸福美满生活的概率会大大降低，甚至以悲剧收场。

2016 年 8 月 19 日，中国留学生毕习习（又作毕曦希）被外籍男友马修斯殴打致死，死因是多次严重的钝性受伤。2017 年 2 月，法院开庭审理此案，消息传遍了华人圈。

这是个非常优秀的女孩，15 岁就到牛津求学，会四国语言，还有传言说她是某集团前总裁之女，家庭非常富裕。

毕习习对人高马大的空手道黑带马修斯一见钟情。恋爱期间，给对方送礼物、买车、交房租，可惜一片痴心换来的却是一次次拳打脚踢。

法医报告披露的细节让人头皮一阵阵发麻：她的肋骨多处骨折，颚骨破裂，身体多处瘀青，还有不少正在愈合的伤口，是之前殴打留下的。

毕习习的脸书头像，至今还是两个人的亲密合影，如果不是被打死，她大概还会继续忍耐，继续麻痹自己吧。

受虐而不离开的背后，是安全感的极度缺乏。她渴望有一个孔武有力的人来爱自己，保护自己，哪怕换来的只是伤痕累累。

一个 15 岁就只身一人去往欧洲求学的富二代，不缺吃穿，不缺华服，唯独缺少父母真爱。这类女孩，无论多优秀，内心深处仍是深深地自卑，她恐惧他的暴戾，但更恐惧的是他的离开。她们看不到自己有多好，遇见爱情，永远只会低到尘埃里。

（二）关注孩子的精神生命

人与动物都具有生命，但人的生命却与动物的生命有根本上的不同。因为人除了具有物质的生命外，还具有动物所不具有的精神的生命。

在孩子的成长过程中，父母会特别注意让孩子吃饱穿暖，这是因为父母爱孩子，希望孩子身体健康成长。家长在关心孩子的肉体成长之外，还应该特别用心地去关心孩子的精神生命。但是，精神生命往往由于从外表看不出来而被很多父母忽略。

初生的孩子就像一张纯净的白纸，他们的大脑在不停地吸收我们这个世界所提供给他们的一切。精神生命的营养对于孩子的身心成长至关重要，而作为父母，有没有意识到，并给予孩子最需要的、最营养的精神食粮呢？这是每个家长都应该思考的问题。

家长对待孩子的方式、家长彼此的行为言语、家人间的相处方式、生活起居环境、自然环境、书籍、音乐、电视节目……这一切都将被孩子吸收并影响着孩子的精神生命。如果这些是营养的，孩子的精神生命会获得健康成长；如果这些是毫无营养，甚至是错误的，那么将妨碍孩子精神生命的健康成长。

很多家长经常看不到孩子的精神世界，然后用自以为是的方式阻扰孩子的精神成长。对精神生命的忽略、打压或虐待，正是某些中小学生自杀的原因,他们是在用自己的肉体生命来捍卫自己的精神生命。更严重的是,有些孩子,人活着,精神生命已经死去。

网友"修爸爸"写过一个他的亲身经历。

上海教育博览会上,我们学校的创意剪刻社团参展,吸引了许多中小学生和家长来体验剪纸艺术。

有一个大约读一年级的小男孩,在我们展厅外面站了很久,等看见剪纸体验区有了空位子,便缓缓地走过来坐下。他身后跟着一个拎着书包的妇女,应该是他的妈妈。

我们的学生志愿者问男孩喜欢剪什么图案,他没有回答,只是伸手去摸操作台上面放着的各种图画。

"这些太难了,你不会剪的。"身后的妈妈想劝孩子离开。

小男孩没有回应,伸手去摸操作台上放着的剪纸专用剪刀,仿佛没有听见妈妈的话。

"快放下,当心剪刀划破手。"身后的妈妈赶紧拽住男孩的手,制止孩子。

孩子用手指触摸着剪刀,既不肯放下,也没有央求妈妈。

"可以啦,快走啦。"妈妈在身后拉男孩的衣服,催促他离开。

我走过去,想劝那位妈妈让孩子试一试。但,当我低头看到男孩的脸时,我震惊了。

那是一张呆滞、苍白、没有任何表情的脸。

在看他的眼睛的那一刹那,我的心猛地被刺痛:一双空洞、茫然、无神的眼睛，没有一丝生机。

我突然意识到，他从站在展厅前到现在，没有说过一句话，既不回应工作人员，也不回应他妈妈，即便是在他妈妈制止和拉他离开时，他也没有任何反抗，只是木木地看着剪刀和图画。

这是一个怎样的孩子啊，他究竟经历了什么？

"快走啦，没时间了。"男孩终于被妈妈拽起来，依然没有说一句话，不哭，不闹，迟缓地走出去。

我呆呆地看着那个妈妈拉着孩子消失在人群中，心里感到压抑、惊惶、心痛。这个孩子的精神生命已经死去！

扼杀孩子精神生命最"速效"的办法就是：①否认他的感受——让孩子相信自己的感受都是错的，父母比你更清楚应该怎样做；②限制他，不许玩水，不许玩泥巴，不许乱涂乱画，不许趴在地上看蚂蚁，不许打架，不要碰，不要跑，不要跳，不许哭，不许没礼貌，等等；③控制他，吃多少饭，穿多少衣服，看多久电视，写多少作业，报什么兴趣班，做什么事，等等。

这种扼杀以"爱"的名义进行，披上"为你好"的外衣，让孩子无从辩解，无力反抗，习得性无助——本来可以主动地逃避，却绝望地等待痛苦的来临。于是孩子越长大，就越是麻木。

家长提问

小学阶段就寄宿好吗？

参考解答

一般不建议孩子在小学低年级的阶段就寄宿。

再好的学校教育也代替不了孩子必需的父母的情感滋养。小学低年级阶段的孩子最需要父母的真爱，千万不要让他们的精神世界在寄宿中漂泊。快乐、呵护是这一阶段的主旨，也是家长最大的责任，只能由家庭解决。放弃它，既是家长推卸责任，也是对孩子欢乐童年的部分扼杀。而且，寄宿后家长无法准确体察孩子的内心变化，很难及时关注到孩子的精神生命成长。

另外，寄宿学校的孩子一般家庭背景较好，容易互相攀比，对外界事物的感知大量减少，不利于他们健康人格的形成。

有的家长认为，寄宿可以培养孩子的自理能力。实际上，自理能力是孩子逐渐独立过程中应具备的其中一方面能力。从幼儿园开始，只要家长不随意代劳，孩子是非常愿意自己动手做事情的，比如吃饭、系鞋带等。孩子掌握了这些能力后，可能会偷懒不去做，但只要家长坚持不代劳，孩子就能自己动手做。自理能力其实是一种相当容易培养的能力。青春期时，孩子更是自然而然会要求独立，只要家长支持，孩子在自理能力上毫无问题。因此，自理能力并不需要通过寄宿来刻意培养。

等到孩子上小学高年级时，看孩子具体情况，如果思想成熟度高，就可以寄宿。

一般孩子初中以后寄宿没什么问题。住校生活可以让孩子学习如何与舍友交往、如何处理人际矛盾等，有助于孩子的精神生命的成长。

让孩子出国读小学、中学好吗？

参考解答

一般不建议。

不建议的原因和不建议寄宿一样。家庭经济条件再好，国外学校教育再好，在孩子没有足够成熟之前送出国读书，也是弊大于利，因为缺失了父母真爱的根须的给养。

另外，还有两个原因：①人的童年记忆会伴随终身，人之所以有根，就源于有童年记忆。如果孩子童年是在国外度过，长大后又回国工作，他很可能会有比较持久的疏离感，从而影响幸福感。②在孩子吸收了足够的中国文化之后，高年级时再出国，就会让孩子接受多种文化的碰撞，而文化的充分碰撞有利于孩子的成长，增长智慧，培养国际视野。

二、尊重个体差异，给孩子精神生命成长自由

人的个性、独特成长过程在父母给予的基因的大框架下展开。基因决定了孩子一出生就都知道寻找乳头吮吸，基因也决定了每个孩子的不同，有的喜欢这个，有的喜欢那个，他们将按照基因预定好的发展模式发展。

孩子一生下来就蕴含着强大的精神能量，他将按照内在的精神生命成长规律成长，比如：在婴儿阶段，他用嘴巴去认知世界，喜欢把手放嘴里，喜欢把能拿到的东西塞到嘴里咬；而在儿童阶段，孩子就喜欢玩水、玩沙子，如果大人阻止他，他会顽强抗争。

在智能时代，家长更要尊重孩子的个体差异，给孩子精神生命成长的自由。这样的孩子，才能适应智能时代对创新型人才的需求。

（一）尊重孩子个体成长过程的差异

过去的医学界人士相信，在孩子的成长过程中，存在各种阶段性的里程碑。比如，一个孩子从最开始学会爬，到最后学会走路，中间要经历一个固定的过程。从出生到直立行走，专家们还制订了一个进度表，其中包括在不同时期要掌握的不同爬行动作。

科学家克伦·阿道夫（Karen Adolph）为了研究孩子到底是如何学会走路的，实地观察了28个孩子。她没有采用平均值，或者把所有孩子看作一个整体，而是把每个孩子都当作独立的个体，全程观察每个孩子的成长过程。

结果，通过对这28个孩子的观察，阿道夫竟然总结出了25种从爬行到走路的成长模式。可以说，每个孩子学会走路的过程都不同。有些孩子可能直接跳过爬行这一步，学会了走路；还有些孩子在中途出现过退步的现象。但无论如何，最终所有的孩子都学会了走路，而且都走得一样好。[1]

---

[1] 万维钢：《每条路都是少有人走的路》，"得到"App，"万维钢专栏"。

在受孕之时，婴儿就被给予了对其今后发育具有重大影响的基因禀赋，几乎所有被研究的心理特征都在一定程度上受基因影响。基因使婴儿都能学会行走，也是基因使他们达到这个阶段所需时间不同，过程不同。[1]

如果连学走路这么一件简单的事情，每个孩子的成长过程都不一样，那么孩子的学习和成长，又怎么能一样呢？

脑科学家发现，每个人的大脑其实都很不同，而且和自身的基因、所处的环境都有关系。基因的相关度最大，环境次之。

特别是小孩，即使年龄相近，大脑发育水平也可能相差悬殊。如果你发现自己小孩的某个特点和"一般人"不同，千万不要焦虑，不一样就对了——每个人都应该与他人不一样，每个人都是独一无二的。

（二）尊重孩子个体成长速度的差异

现在的学校教学进度非常快，孩子跟不上时，就会认为孩子不够聪明。不管怎样，做家长的要对孩子有信心，大多数情况下，只是孩子晚熟一点罢了。

即使我们的孩子成长节奏比常规的慢，我们也要坚信孩子肯定能成才，就像种类各异的树，成长速度就不同，名贵树种刚开始一般都不如速生林长得快。

唐纳森在《大脑的发育》里说："在儿童生长发育过程中，在身体

---

[1] 鲁道夫·谢弗：《儿童心理学》，电子工业出版社2016年版。

方面和心智方面,都是不平衡的。因为生长从来不是一般的,而是有时在这一点上突出,有时在另一点上突出。各种教育方法,对天赋能力的巨大差异,必须认识到生长中自然的不平衡的能动价值,并能利用这种不平衡性。宁有参差不齐的不规则性,不要一刀切。这种方法最能遵循身体的自然发展,因而证明是最有效的。"

事实上,甚至是智力发展上最困难的孩子,在精神领域的发展也可以是无限的——通往意识境界顶点的道路对任何人都没有封锁,在"心"的领域有真正的和毫无限制的平等。王阳明说,每个人心中都有一个圣人,人皆可为尧舜。如果把人比作金块,那么能力大的圣人是一大块金子,能力弱的我们是一小块金子,只要勤加修炼,其纯度可以是相同的。

(三)尊重孩子个体成长类型的差异

现在的很多家长,不管孩子的特点是什么,就把孩子拉向自己认可的那条道路。可是,每个人天赋不同,身体特质不同,性格类型不同。像林黛玉这样体质类型的人,就不是一个适合掌握权力的人。你如果非要林黛玉去企业当经理,她做得了吗?那是王熙凤擅长的事情。所以,孩子能成什么才,我们要根据孩子的个体成长类型去发展。

在美国米其林[1]三星餐厅,大厨的收入甚至能媲美好莱坞明星,

---

[1] 米其林是历史悠久的专门评点餐饮行业的法国权威鉴定机构。1900年,米其林轮胎的创办人出版了一本供旅客在旅途中选择餐厅的指南,即《米其林红色指南》。随后,被收录在《米其林红色指南》里的餐馆,被称作米其林餐厅。三星最好,一星最低。

如果一定要让他从小学习奥数，他将来可能只是一个三流的工程师而已。对于吃货，如果真的能吃到米其林餐厅品鉴师的水平，恐怕也会有一份让大家都非常羡慕的工作。

在智能时代，大部分事情，只要能做到极致，收入就会呈指数式提高。行行出状元，家长如果能够想清楚这一点，鼓励孩子发挥自己的特长，而不是跟随其他人试图挤进那些所谓的热门行业，生活或许能幸福很多。

家长提问

孩子成绩不是很好，还老是不务正业地玩他的兴趣爱好，怎么办？

参考解答

在工业时代，社会要求学校培养"标准人"。我们传统的家庭教育理念也大多是"成人本位""知识本位"的，为了应对今后成人社会的竞争，我们让孩子从学前期起就开始了大量的知识性学习。而这样的教育，往往抹杀了孩子的个性。父母总希望自己的孩子有一份稳定的工作，其实稳定的工作多半是重复性的工作，是最容易被人工智能取代的工作。

智能时代，我们必须发展孩子的个性。个性是指在思维上、在整个生存状态上和别人不一样，而并非调皮捣蛋、胡思乱想的人才有个性。个性实际上是创造力的来源之一，人的一生的培养过程，应该是个性的培养过程。

在智能时代，最怕孩子没有个性。如果孩子喜欢画画、音乐、体育等，家长应该高兴才对。应该鼓励孩子发展个性。

智能时代最不需要的就是没有个性的人。没有个性的人，就没有主动性，没有创新能力，没有创造性，他会做的事情，人工智能肯定比他做得更好，还比他更便宜。没有个性的人，有极大可能被人工智能淘汰。

所以，如果孩子没表现出个性，家长应该多创造机会让孩子体验各种事情，发掘孩子的兴趣，发展孩子的个性。

三、遵循成长规律，给孩子精神生命成长环境

很多家长在抱怨学校"过度"应试教育的时候，自己给孩子的家庭教育也好不了多少，甚至有过之而无不及。

家庭教育应该从"说教"转变为对**良好精神生命成长环境的创建**。

每个孩子都是不一样的，他们有着不同的偏好、不同的性格，能力与气质差异明显。适合这个孩子的成长计划、教育方法，照搬到另一个孩子身上，可能会有截然相反的结果。

而且，儿童的思维与成年人的思维在本质上是不同的，正像皮亚杰所阐述的那样，儿童想问题的方式不同，它们的本质特点随发展阶段而变化。

孩子就像一棵树，而且是品种各异的一棵树，从种子，到幼苗，到小树苗，到小树，再到大树，他需要不同的成长环境。我们应该视孩

子的个性和不同成长阶段，提供与之相适应的良好的精神生命成长环境。

家庭教育的困难之处在于，孩子在不断成长，家长要了解不同阶段孩子的特点，跟随孩子的成长，不断调整亲子关系，调整家庭教育方式。

（一）上幼儿园前，怎么爱孩子都不为过

现在的一些年轻妈妈，经常把西方人的教育方法当"圣经"。孩子一出生，就让孩子单独睡一个房间，怎么哭都不抱。孩子都蔫了，还坚持所谓的理论。这样的孩子长大后容易出现心理问题，西方人自己也意识到了这一点。母亲对孩子的爱是本能的，应该多抚摸、多拥抱婴儿期的他们。

就像植物不能告诉我们它们需要什么一样，婴幼儿期的孩子也不能直接地告诉我们，他们在情感上或者精神上所缺乏的东西。当我们不能明白他们求助的意思时，这些缺乏会让他们变得爱哭、易怒、叛逆。

作为家长，如果我们不能理解孩子这些行为的真正意义，不能及时明白他们的行为，我们就成了孩子不良行为的始作俑者。

孩子的不良行为，只是他们对自己的需求没有得到满足的一种反映。不明白这一点，我们可能会对他们的行为感觉不舒服，会指责、严斥和试图去控制他们，会愤怒并惩罚他们。毫无疑问，我们这么做会使他们的不良行为更加严重。

总之，上幼儿园前，家长无须担心溺爱问题，应更多关注孩子的

状态，只管多多爱他。

家长提问

让孩子上早教班好吗？

参考解答

能遵循儿童精神生命的自然发展规律和敏感期的早教，对孩子才有帮助。正如维果斯基所主张的，成人应该关注儿童已达到的水平和所具有的潜能，并引导儿童提升到恰恰比他们现在更高一层的水平上，由此可以在现有水平的基础上更进一步。有趣的学就是玩，有益的玩就是学。[1] 比如，家长可以给孩子准备认字卡片等材料，也可以家长自己玩，引导孩子来玩，孩子愿意玩就玩，不愿意玩就不玩。

当家长将早教内容置于孩子精神生命自然发展规律和敏感期之上，要求孩子学的时候，早教就成了阻碍孩子精神生命成长的东西。为了多认识几个字，阻碍孩子的精神生命成长，是极其无知的。

同样的道理。如果早教班遵循了儿童精神生命的自然发展规律，可以让孩子上，否则就没必要上。

早期教育的难点在于师资力量。未来，人工智能在早教方面必然会有大发展。人工智能可以用传感器感知孩子的意愿、情绪，在此基础上，提供最符合孩子特定阶段的个性化的学习内容。人工智能将能够比大部分做早教工作的教师做得更好，而且成本更低。

---

[1] 冯德全：《早教革命》，北方妇女儿童出版社 2007 年版。

（二）幼儿园阶段，要给孩子充分的爱和自由

给孩子充分的爱和自由，就要多多陪伴孩子，让他的精神生命自然地、充分地成长。

儿童的成长过程实际上是一个精神生命的成长过程，包括情感、审美、心智、品格、自我控制等等，而不只是一个智力的成长过程。智力成长是附着在整体精神生命成长之中的。如果我们了解儿童成长的科学规律，让儿童按精神胚胎的内在规律自然发展，他将来一定会成为人才。儿童的自然发展规律一旦遭到破坏，他的整个发展都不会正常，包括智力。

精神胚胎是基因在生命体内预设的精神的种子，它包含了儿童精神生命成长的密码，因而每个人都是独特的人。儿童教育，就是遵循生命成长的法则，让孩子在爱和自由的环境中，通过自我体验、自我建构，按照预先设定的生物程序发展。[1] 自然成长为一个完整的、独立的、自我完善的人。

家长对儿童时期的孩子的真爱，是洞察孩子的行为，理解孩子的心理，滋养孩子的心灵，协助孩子成长，给予孩子能量，允许孩子以其自我的方式成长、发展，而不是以服务于成人为目的。真爱是安全感、信赖、尊严感、价值感、自信心的基础，是儿童探索世界的能量源泉。唯有获得了足够的真爱，孩子才能在情感的满足中，将生命的全部精力投入心智的发展中。

心智正常发展的孩子，很多时候是沉思的、宁静的，他不停地在

---

[1] David R. Shaffer, Katherine Kipp：《发展心理学——儿童与青少年（第八版）》，中国轻工业出版社 2013 年版。

学习、感受、思考，虽然大人不知道他在干什么。大人千万不要用自己的想法去判断孩子。

智能时代，太多的知识迎面而来。当我们把孩子的自我、知识各分一堆时，迫不及待地想让孩子获得知识的做法，会阻碍孩子的精神生命成长。

很多父母说，我要教好孩子……好像儿童的整个智力发展完全依靠家长，如果家长不在了，他就会成为白痴。在儿童做些大人认为不对的事情时，比如，把玩具火车放在地上开时，成人会急切地教他改正，告诉他这不对。这种做法会打断孩子的专注，禁锢孩子的思维，阻碍孩子的心智发展。[1]

相比成人的那种"灌输"，儿童更需要的是环境，儿童自己会学习、吸收。儿童是依据内在精神胚胎的规律发展的，他心智的发展主要是依靠他自己，当然，大人可以创建更有利于儿童感受的环境，包括语言环境，告诉他感兴趣的东西准确的词汇，帮助他形成概念，发展思维。不要让电子产品、人工智能产品充斥在孩子身边，儿童更需要感受自然界，感受清风拂面，感受淡淡的青草味，感受嗡嗡的蜜蜂声，感受平淡无奇但又千变万化的沙子。

蒙台梭利说："儿童所有的智力是从感觉发展到概念。"儿童依据感觉（视觉、味觉、嗅觉、触觉、听觉）来认识事物，理解事物，进而形成概念。他们不是被动地接受别人传递给他的东西，而是充满了主动性和积极性，必须自己去感觉。在儿童记忆里没有铭刻下鲜明印象，只是从书本上看到，硬塞进脑子里的词汇，很难在儿童的大脑里留下

---

[1] 孙瑞雪：《爱和自由》，新蕾出版社 2004 年第 3 版。

痕迹。这时，孩子会像人们常说的那样，左耳进，右耳出。家长应该创造条件，让孩子充分感觉这个世界，绝不能为了安全、干净，剥夺儿童的感觉行为。

儿童喜欢重复做一件事，比如，反复听一个故事，十天半个月也不烦。他从故事里吸收逻辑、情景、概念等多个层面的知识。在智能时代，家长做这件事会变得轻而易举了，只要在评分高的故事里选几个备着，让孩子自己选了听，而且可以根据人机对话，随时调整播放顺序，让孩子能够更好地吸收精华。

这个阶段的孩子是吸收性心智，看到什么学什么，听到什么学什么，不会判断对错，因此，家长要非常注意自己的行为对孩子的影响。而且，在这一阶段，家长决不能任由苍蝇虫豸随意飞进来，提供给孩子看的电视、电影、书籍等，家长应该先筛选过。在内容提供上，人工智能大有可为，将大大降低对家长的文化要求，同时可以提供相比以前更有利于孩子成长的内容。

敏感期，是0—6岁甚至到12岁的成长过程中，儿童受精神生命的驱使，在某个时间段内，专心吸收环境中某一事物的特质，并不断重复实践的过程。顺利通过一个敏感期后，儿童的心智水平便从一个层面上升到了另一个层面。[1]

孩子的语言、情感、感觉等，都要在敏感期获得充分的发展。在敏感期得到充分发展的孩子，头脑清楚、思维开阔、情感充沛、安全感强，能深入理解事物的特性和本质。

---

[1] 孙瑞雪：《捕捉儿童敏感期》，新蕾出版社2004年版。

（三）小学阶段，可以施行教练式教育

儿童的天性，是喜欢尝试自己不会的东西，借此发展自己，但儿童的另一个天性，是不喜欢做自己已经会做的枯燥的事情，比如，幼儿还不会走路的时候，他一定要自己走路，等到能走路了，他又要妈妈抱。

到小学阶段，人的发展要求刻意训练，这时候，我们就不能再拘泥于蒙台梭利儿童教育理念。

人是各有天性的。有些孩子很要强，自我要求严格；有些孩子就不太要强，依赖性重。家长就要注意慢慢培养孩子的社会人格。幼儿园阶段单纯的"自由"，已经不足以让孩子从容地应付要求更高的小学阶段。说到底，如果孩子在公办小学成绩老是靠后，孩子的自信心是难以建立的。

在这一阶段，家长应该充当孩子的教练角色，在真爱的基础上适当严格，帮助孩子养成好习惯，打下孩子一生自律、负责任、有情义、爱的根基。没有正确的根基，当一个人的头脑中充斥了五花八门的广告、各种似是而非的观点时，要向内心寻找真实的自我的人本主义就是在搞笑。

西德尼·哈里斯（Sidney J. Harris）说："世界上90%的悲哀出自人们不了解自己，自己的能力、弱点，甚至是其自身的真正的美德。我们大多数人对自己就像完全的陌生人一样走完了几乎整个一生。"

同时，不要过度教育。我们常常自觉或不自觉地追求高标准，须知，"大自然希望儿童在成人以前就要像儿童的样子。如果我们打乱了这个秩序，我们就会造成一些早熟的果实，它们长得既不丰满，也不甜美，

而且很快就会腐烂"[1]。

另外，现在一些教师习惯于批评教育而非鼓励教育，家长要注意保护孩子的自信心。孩子有可能在学校被老师给予不良评价，可能受到打击，但如果他感觉到家长是爱他的、永远接纳他的，他们也会安安心心地度过儿童期。

即使真的智商不高，也可以从其他事情上获得自信心，天生我材必有用，行行皆可出状元。最怕孩子因学业失败遭到一再的打击之后，身为父母的我们还简单粗暴地指责，最终孩子"习得性无能"，丧失了探索世界的兴趣。

家长提问

我家孩子比较"笨"，是否在智能时代就没有出路了？智能时代是否只需要高智商的天才？

参考解答

家长无须为孩子的智商焦虑。大部分孩子的智商足以胜任智能时代99%的工作。孩子未来能否有成就，大部分与智商关系不大，主要与以下因素有关：①良好品格；②个人兴趣与社会需求的结合；③在特定领域里的长期刻意练习。

事实上，大脑的可塑性非常强，而且终身可塑。包含智商因素的智慧是可以终身成长的，人可以通过学习变得越来越智慧。关键是不

---

[1] 卢梭：《爱弥儿》，人民教育出版社1985年版。

要自我设限，家长更不要给孩子设限。即使孩子智商真的一般，只要家长坚信孩子能行，鼓励孩子不停地学习，帮助孩子释放自己的最大潜力，他就能成才。

（四）初中及以后，要给孩子足够的空间

人类在幼年时期必须仰赖他人，依靠父母养育成长，然后随着光阴的流逝，日渐独立。理想的情况就是，一个人的生理、心理、情感与经济能力等各方面，随着年龄的增长都不断成长，直到有一天完全自立。

然而，很多家长却不肯放手。现在普遍的情况是，不是孩子离不开家长，而是家长不愿放手。父母一方面盼望孩子早日成才，一方面又害怕孩子受到挫折或走弯路，却不知挫折和弯路是成才的必经之路。父母用爱的目光、用一万个不放心来捆绑孩子，爱孩子就会变成碍孩子。

幸福的家庭里，没有一个家长是控制欲很强的人。夫妻俩都是成熟的个体，这种成熟，与学历、收入、地位关系不大。现在很多家长自己不成熟，用力过猛，管制过严，已经十六七岁的孩子出去和朋友玩，父母还是一会儿一个电话，回到家后又细细盘查，这样的孩子能成长吗？几个大人全部参与到管一个孩子之中，一个被高度关注的孩子成长以后，基本都是一身毛病。有些家长说，现在的孩子太叛逆了，却不知道，那是因为我们的过度关注不让他好好长大。

在这个性彰显的时代，还有很多父母越俎代庖，左右儿女的恋爱

和婚姻，令儿女左右为难，在十字路口痛苦徘徊：选择孝道，则独自品尝痛苦和遗憾；坚守爱情，则在愧疚中挣扎。

中国社会是一个重亲情，但缺乏界限感的社会。在物理层面上，随着中国的城市化和对个人隐私的日益尊重，中国人的界限感已经大大增强。但是，对于心理层面上的个人空间和家庭空间，界限感依然非常模糊，而正是这种模糊的界限感，引发了人际关系中太多的痛苦和无奈。

我们的早期教育常常是界限模糊的。若孩子自己跌倒，本应该自己爬起来，但是照看孩子的父母或爷爷奶奶外公外婆却看着心痛，立刻过去扶起。更有甚者，当着孩子的面，假意迁怒于绊倒孩子的石头。在我们的疼爱中，孩子的界限感开始一步步缺失。

孩子慢慢成年了，独立意识开始强化，开始觉得上什么学校是自己的事，和谁谈恋爱是自己的事，嫁谁或娶谁是自己的事。但很遗憾，和父母的界限多少年前早已被打破，甚至是根本没有什么界限。孩子一面大声宣告"恋爱婚姻是我自己的事"，一面把找自己做的工作、买自己住的房子看成是父母的事，而父母在这种模糊的界限中，仍然觉得"你的高考志愿是我的事，你的恋爱婚姻是我的事"。于是终究以一方的妥协让步来避免冲突；如若双方各不相让，这种种冲突终将酿成痛苦。

不仅如此，有一天，孩子也有了孩子，于是他带着模糊的界限感开始与自己的孩子互动。如此轮回式持续，这种没有界限感的亲子关系成为一种痛苦的纠缠。

这个世界只有三件事：自己的事、别人的事和老天的事。这三件事已经清晰划分了界限。自己的事，只能自己做，不要依赖他人；别人的事，只可以尊重和接受，最多可以建议，但不要强加干涉，也不应该干涉；老天的事，好好配合，尽人事，听天命，如此而已。

界限感非常重要，在有界限的前提下，中国传统文化（如孝悌），能和强调个体独立、自由、平等的西方现代文明有较好的融合。善、爱也是在有比较清晰的界限的前提下进行的。但在没有界限的情况下，太多的人与事纠缠在一起，使得当事人和没必要掺和进来的人都是内心充满不满或痛苦，可是所有人都理不清头绪和前因后果，笔笔都是糊涂账。

总之，当孩子进入初中以后，家长就要慢慢放手了，慢慢退出，给孩子足够的空间，鼓励孩子独立，去追求自己的梦想。

第四章
智能时代家庭教育至关重要

一、家庭教育是一切教育的基础

2011年的一则新闻让人嘘唏不已。

在浦东国际机场大厅，搭乘航班从日本返沪的中国留学生汪某到达不久，就与前来接机的母亲顾某发生争执，焦点是因为学费寄晚了。据亲属介绍，汪某留学日本5年的所有费用都是靠母亲每月7000元的工资来支付的。为了儿子，母亲顾某曾多次向朋友借钱。这次，顾某可能真的凑不到。事发当时，汪某从托运的行李中取出一把水果刀，对着母亲顾某连刺9刀，导致母亲当场倒地昏迷。

顾某的亲属也直言："出这事，肯定和平时教育脱不了干系。""她平时太宠孩子了，都给惯坏了。"顾某妹妹坦言："以前回来，他有时连家都不住，直接住宾馆。"在亲戚看来，只要是儿子提出的要求，不管是什么，顾某总是想尽办法满足。"可以说，要什么给什么，没有的话，也要想尽办法变成有。"

这样的新闻触痛了国人的神经和情感。

可见，给孩子无条件的爱，固然非常重要，但单单给予无条件的爱是不够的。

于父母而言，给孩子正确的家庭教育是如此重要，以至于再怎么强调也不为过。无论父母有多大成就，对孩子的教育一旦失败，父母的整个人生也会陷入悲剧。

家庭教育是一切教育的基础。

学校教育固然重要，但是，没有孤立的学校教育。如果把学校教育比作大树的树干和枝叶，那么家庭教育就是供养着学校教育的根须。同样的班级，同样的老师，学生水平各异，其原因，除了学生天赋不同外，家庭教育是很重要的影响因素。

在学前阶段错过敏感期教育，或者曾经受到过错误教育，或者"情感上的父母"职能缺失的孩子，教师对其多半心有余而力不足。这已经被事实一再证明，但很多家长对之仍旧一无所知。即便发现自己的孩子问题很大，不少家长仍旧寄希望于学校来拯救孩子，却不知道自己作为家长应该承担的责任。

大部分家长，无论在口头上还是在心里，肯定都是非常重视孩子的教育的，但是，在行动上却往往背道而驰：一部分家长不大管孩子，将孩子交给"电视保姆""电脑保姆""手机保姆"，任由孩子接触各类未经家长甄别的信息；一部分家长认为教育是学校的事情，自己没有能力指导孩子学习；还有一部分家长，有时间把孩子送到各种兴趣班，过度地监管孩子，却没时间学习相关教育知识，用战术的勤奋掩盖战略的懒惰；当然，也有一部分家长，虽然也学习相关的教育知识，但这些知识是来源于微信、网络等的碎片化的知识，其一鳞半爪、不成系统甚至前后矛盾，让人无所适从。

真正重视子女教育的父母，会将自己的一部分时间和精力投入孩子的教育上，并恰如其分地承担起家长的教育职责，主要是品格培养和自我驱动力激发，具体包括身先示范、人生引导、学校选择、家校联系、交友指导等，使孩子充分发展自己的可能性得到最大的提高。

在智能时代，家长一定要比以前更加重视家庭教育。未来赢家和输家之间的收入差距会越来越大。我们的孩子未来多半能成为知识工作者。知识工作者不同于体力劳动者的地方是：工作成果难以精确衡量，不同知识工作者的成果，其偏差可能会大到相差一两个数量级。假设最强壮的工人一天搬1000块砖，而最弱的工人一天最少还是能搬800块砖，劳动成果偏差比较小。但最好的程序员和一般的程序员，其劳动成果的偏差可能以10倍计，而最差的程序员的劳动成果干脆就是负的，他写的程序还会给他人制造麻烦。客观现实决定了收入差距的拉大。

要想孩子成为赢家，家长就要比以前更加重视家庭教育。

二、育人是一项系统工程

育人是一项系统工程，既与家庭有关，也与孩子自己、学校教师、社会环境等有关。

苏联著名教育学家苏霍姆林斯基曾把儿童比作一块大理石。他说，把这块大理石塑造成一座雕像需要 6 位雕塑家：**家庭、教师、儿童所在的集体、儿童本人、书籍、偶然因素**。这段话能解答很多家长的困惑，原话是这样的：[1]

> 有时过分简单和绝对肯定某种教育因素是唯一主要的，会使青年教师无所适从，因为在教育过程中，一切都是重要的，一切都有自己的意义。
>
> 我想把我们开始教育和培养的儿童，比作一块大理石。几个雕塑家带着自己的刀子同时来到它旁边，要把它塑造成一座雕像，使它具有灵性，体现出人类的理想。这些雕塑家到底是谁，有多少人？
>
> 有许多力量参与人的教育过程。第一是家庭，家庭中最细致和最有才干的雕塑家是母亲；第二是教师，他有精神财富、智慧、知识、能力、爱好和生活经验，有智力、审美和创造等方面的需要，有自己的兴趣和志向；第三是对每个人产生强大教育影响的集体（儿童集体、少年集体、青年集体）；第四是每个受教育者个人（自我教育）；第五是受教育者在智力、美感、道德等珍宝的世界中的精神生活——我指的是书籍；第六是完全未料想到的雕塑家（学生在街上结交的少年；来做客一周而使儿童一生都酷爱无线电工程或星球世界

---

[1] 苏霍姆林斯基:《给教师的一百条建议》，引自《苏霍姆林斯基选集》（五卷本）第二卷，教育科学出版社 2001 年版。

幻想的亲属或熟人等）。

如果这些起教育作用的雕塑家，始终行动得像一个组织得很好的交响乐队一样，那么，教育的利剑和长矛往往为之交锋和折断的许多问题，就会非常容易地得到解决。

然而，每个雕塑家都有自己的性格、风格和长处（有时也有短处）。有时，一个雕塑家对另一个雕塑家的技艺和创作爱持批判态度，不仅力图用刀子在未加工的大理石上精心雕刻，而且总想对另一个巧匠刚刚做好了的地方乱加修补。然后，大理石就不成其为"石块"了，逐渐变成有思想的生物，不仅认识自己周围的世界，而且认识自己本身，不仅用理智来认识，而且用心灵来认识。接着，"大理石块"表露了想照镜子的愿望，说：喂，尊敬的巧匠们，你们干了些什么呀！我们的雕塑半成品便拿起自己的刀子，照着镜子（即端详周围的人们，对有些人赞美，对有些人没有注意，对有些人愤怒），自己开始雕刻起来，对别人已做了的也修改起来。

这一观点在我看来是教育领域的真知灼见。

孟母三迁的故事说明古人很早就懂得了这个道理，孟子后来成为一代儒学宗师，我想和他有一个睿智的母亲是分不开的。

孟子年少时，家住在坟墓的附近。孟子经常在坟墓之间嬉游玩耍。孟母见此情景，就觉得这个地方不适合居住，于是就带着孟子搬迁到市场附近居住下来。可是，孟子又玩闹着学商人买卖的事情。孟母又觉得此处也不适合孟子居住，于是又搬迁到书院旁边住下来。此时，孟子便模仿儒生学做礼仪之事。孟母认为，这正是孟子适宜居住的地方，于是就定居下来了。

家长提问

为什么我看某某教育专家的书，感觉很有道理，可是一实施，又不尽如人意？这是怎么回事？

参考解答

市面上有些教育专家，只强调某一方面而不顾其他，有其片面性。有些是自家孩子教育成功后的个案总结；有些为了能自圆其说，提出一些观点，然后找一些案例来支撑观点。

读者读的时候会觉得很有道理，实际一运用，发现不管用。为什么？人变了，孩子不同了，家长不同了，情境变了，其他因素也都不同了。成功的教育取决于这6个因素的综合作用：家庭、教师、儿童所在的集体、儿童本人、书籍、偶然因素。其他因素变了，家庭教育方法也要适当权变。所以，这些看似很成功的教育方法，我们不能不加以思考就生搬硬套。

比如，在如何对待孩子的学校课程学习上，不同的家长，说法、做法就有不同。

耶鲁法律博士 Joel Butterly 是一位犹太人，在他的家族里，有12个常春藤学位，算上祖父祖母那一辈，有15个。家里对所有小孩的期待都是：在常春藤大学修得本科和硕士／博士学位。

Joel Butterly 说，他父母对自己的教育十分重视。从很小的时候开始，父母就十分明确地告诉他："什么都没有教育重要。"

"我对此最早的记忆来自一年级的时候。那天晚上，我做完了所有作业，然后交给我的母亲看。她扫了一眼，发现其中一栏是空白的……'为什么空着？'"

"这是附加题，我这门课已经是满分了，不需要附加分了。"我说。我永远记得母亲当时看我的眼神，仿佛我刚才犯下了滔天大罪："Joel，附加题从来都不是选做题……至少在我们家不是！"

在我成长的过程中，父母对我的期待是每门课都拿A。当我给他们看我全A的成绩单时，他们不会奖励我。当我带着"A–"的成绩单回家的时候，他们倒也从来不会惩罚我，但是我从父母那里感到的失望，会让我十分羞愧。我的父亲会拿着我的成绩单说："你的能力水平不止于此（A–）……我非常失望。"就这样——没有斥责，没有大喊，也没有任何的惩罚。之后，我就会默默地坐在一旁自责。

※※※

日本教育家铃木镇一有一位与众不同的父亲。铃木上小学时，日本的升学竞争很激烈，大多数家长关心的是孩子的学习成绩。但铃木的爸爸对他的成绩要求却不高，每门功课只要考 60 分就行了。

他的爸爸说："60分就代表及格了，及格了就表示合格。工厂的产品合格就出厂了。既然你已经合格了，儿子，你没有必要把全部精力耗费在分数和名次上。要知道，求知可是人世间最大的欢乐啊！"

从此，铃木就按照爸爸的教导，在功课上花的时间不多，学习成绩中等，但读了大量的课外书。长大后，他成了著名的教育家。

那么，哪种更可取呢？

首先，家庭教育成功的标志应该是孩子未来拥有幸福美满的生活，而非孩子获得好成绩。

幸福美满生活和好成绩的相关度并不是很高。有很多成绩好的孩子，长大后的生活并不幸福美满；也有很多成绩好的孩子，长大后的生活幸福美满。有很多成绩差的孩子，长大后的生活幸福美满；也有很多成绩差的孩子，长大后的生活并不幸福美满。

其次，上述两个例子中，表面上看，一个强调学校课程学习，一个不强调学校课程学习。实际上，更重要的深层次的教育方法是相同的。我可以自信地说，我看到过的所有成功教育的案例，深层次的教育方法，不管是有意为之还是无意为之，无一例外都包含了以下三个关键点：

（1）真爱子女，重视家庭教育。

（2）培养孩子的良好品格。

（3）激发孩子的自我驱动力。

学校课程学习虽然不是无足轻重的，但其重要性绝不属于最高级别。家长只要牢牢把握以上三点，不管你重视不重视孩子的学校课程学习，孩子都能健康成长。

最后，在把握住以上最重要的三点基础上，以哪种态度对待孩子的学校课程学习，更有利于孩子的成长，要根据孩子情况、学校情况等具体情况具体分析，绝不能生搬硬套。

三、如何学习智能时代的家庭教育知识

尽管世界上没有任何工作比为人父母更重要，但是，我们家长绝大多数没受过如何为人父母的教育。我们在学校里学习数学、语文、科学等课程，但从来没系统学过如何做个好家长。也因此，很多家长在教育孩子的问题上，没有自己的思考，只是简单地照搬自己曾经所受的家庭教育，或者根据自己从五花八门的渠道接收到的一些零碎的观点想当然地进行。

微信里关于家庭教育的文章多不胜数，但很多只是个案，不具有普适性，甚至不少观点是相互抵牾的。

所有当代人都面临两个问题——信息超载和知识碎片化。你看微信、今日头条或者某个博客，并不会像看一本书一样，知道前面一章讲什么，后面讲什么，你对下一篇博客内容无法预知，只能被动接受。最糟糕的是，知识结构碎片化——你觉得某句话特别有道理，但你不知道是谁，在什么情况下，针对什么问题讲的这句话。信息缺乏了上下文，就可能引起误解。

比如，你可能会发现德鲁克、马云、雷军、傅盛、吴伯凡、吴晓波针对同一个问题讲的内容完全不同。到底信哪个？

其实，德鲁克是在用管理讲哲学；马云是在对大众励志；雷军讲的是互联网行业；傅盛讲的是小企业逆袭；吴伯凡在讲中西方文化；吴晓波其实是用管理谈财经。更重要的是，你对他们讲话的场合、时间点和对象一无所知。如果一个人没有大致成型的知识结构，他不会知道某一知识、理论在学科体系中所处的位置；没有搜索能力，他不会知道背景；没有思考能力，他不会知道为什么。这样单纯知道一句话，甚至比不知道更糟糕。

知识结构犹如树干和树枝，各类知识犹如树叶。学海无涯，零散的知识就像散落满地的树叶，学之不尽，学了又忘，犹如捡满手后又丢落。不懂构建知识体系，你迟早被信息洪水淹死——丧失自己的见解。唯有慢慢创建适合个人的知识结构，才能理清各类知识对自己的重要性，将树叶接到树枝上，经过充分的思考，将嫁接的树叶与原来的树枝融会贯通。这样，学习并思考，思考并学习，这棵树方能长得茂盛，才能结出丰硕的果实。

书店里讲家庭教育的书不计其数，在我们这个社会，无论是父母，还是将要建立家庭的年轻人，都需要一本帮助建构家庭教育思考框架的简明扼要的书，以便读者能够用最少的时间建立起对家庭教育问题进行全面深入思考的总体框架。我相信它将减少很多家庭教育方面的困惑和痛苦，增加很多幸福。希望本书能起到这样的作用。

另外，育人是一项系统工程，家庭教育是对孩子教育的一部分，普遍性的教育知识也要学习。

家庭教育领域归属于教育学，是一门社会科学，因此，它既有科学性，也有艺术性，而且艺术性还多于科学性。"尽信书，则不如无书。"在家庭教育领域，虽然懂些原理很重要，但灵活运用更重要。

家庭教育的规律确实存在，但在应用中对"度"的把握要根据情形而有所调整。例如，同样是孩子行为不当，家长批评教育时对敏感的孩子要更温和、更有耐心，对粗线条的孩子则应更严肃庄重。家长对孩子的成长既不能过于冷漠、粗心，又不能过于强迫、焦虑。

不同时代，家庭教育又会略有差异，比如，**智能时代家庭教育应该比工业时代更重视孩子的品格和自我驱动力**。智能时代良好品格所包含的内容也和以前有所差异。

家庭教育是一种把理智、情感、智慧、能力融合在一起的有明确目的的复杂劳动。没有什么比父母教育孩子更加需要智慧的了。

有了适宜的教育地图，再加以实践应用，这样引导孩子，"虽不中，亦不远矣"。

第三篇

培养良好品格

——智能时代家庭教育的核心

第五章

智能时代品格制胜

这里说的品格，指的是人品、品性、品德，人格、性格、格局，是对人的内在所包含的各个方面的总体性评价。

用来形容良好品格的语言非常丰富，比如：

- 人品好，不损人利己，厚道，善良，守信，宽容，诚实，谦虚，正直。
- 品性纯良，没有机心，优雅，勤奋，专心。
- 品德高尚，光明磊落，正气，公正。
- 人格健全，有志气，有志向，忠诚，坚定，勇敢。
- 性格坚毅，稳重，独立，理性，专注，开放。
- 格局宏大，心胸开阔，善于学习，富有智慧。

以前物质还不像现在这么丰富时，有人形容社会是一座丛林，丛林里常常上演弱肉强食、你死我活的场面，腹黑狠辣的人往往打败善良纯真的人，道德卑劣的人往往战胜品德高尚的人。翻开历史书，到处是这样的事例。有段时间"厚黑学"非常出名，很多人希望靠权谋取胜。

但是在智能时代，形势发生了巨大的变化，物质极大丰富，发展太快，机会太多，个人信用非常值钱，捕食弱者变得很不合算了。"黑社会"都过气了，古惑仔也没人看了，有抢劫者在杭州抢了几家店竟然才抢到几块钱！编程小伙子赚的钱比以命相搏的贩毒者多很多。

在智能时代，创造价值、双赢、多赢，才能成为赢家。而这就需要良好品格。有能力又有良好品格的人非常非常少，是稀缺资源，因此他们的机会非常非常多。

智能时代，决定孩子成功的最重要因素，并不在于我们给孩子灌输了多少知识，而在于孩子有没有具备良好品格，如谦逊、感恩、责任感、自信、坚毅等。

品格制胜。良好品格——善、强、真、美，是一个人的成功之源，也是一个人的幸福之源。

这些良好品格是孩子最大的财富，将影响孩子的一生。一个人的品格，就是他的命运。

因此，为人父母者不只要关心现在，更要预备孩子的将来。**家庭教育最主要的任务，就是帮助孩子培养会使其受益终身的良好品格。**

一、良好品格的分类

品格这么多、这么复杂，怎么分类呢？

这里，我个人把品格分成善、强、真、美四类，仅供读者参考。

这里的"善"用的是本义，指善良。

真、善、美，大家都很熟悉，在此基础上加一个"强"。

"强"勉强算是德育范畴，它的内容很重要，都是影响孩子一生的品格，如独立、坚毅、自我控制、好奇心、责任心、勇气及自信心等，又无法囊括于"真善美"，所以加上去。

"善"侧重利他；

"强"侧重心的独立和成长；

"真"侧重理性思考；

"美"侧重感性欣赏；

"善""强""真""美"既各有侧重，又互相联系、无法分割。

没有理智能力的发展（真），不可能做出独立的道德判断（善），也不可能有独立（强）；不独立（强），则无以言"善"；不"善"，则"强"会害人害己；"真""善""美"是智慧；"善"是根本，最重要，但单单"善"是不够的，人生要圆满，还需"强""真""美"。

眼睛是心灵的窗户，人"善"的时候目光柔和，人"强"的时候目光坚毅，人"真"的时候目光雪亮，人"美"的时候目光欣喜。

二、品格上有短板的危害

品格上有短板，有两大危害。

（一）品格上的短板是对个人前途的最大限制

巴菲特每年都会同大学生进行座谈。在一次交流会上，有学生问他：您认为一个人最重要的品质是什么？巴菲特没有正面回答这个问题，而是讲了一个小游戏，名为：买进你同学的10%。

巴菲特说，现在给你们一个买进你某个同学10%股份的权利，一直到他的生命结束，你愿意买进哪一个同学余生的10%？你会选那个最聪明的吗？不一定。你会选那个精力最充沛的吗？不一定。你会选那个官二代或者富二代吗？也不一定。当经过仔细思考之后，你可能会选择那个你最有认同感的人，那个最有领导才能的人，那个能实现他人利益的人，那个慷慨、诚实，即使是他自己的主意，也会把功劳分予他人的人。然后，你把这些特质写在一张纸的左边。

现在再给你一个机会，让你卖出某个同学的10%，你会选择谁？你会选那个成绩最差的人吗？不一定。你会选那个穷二代吗？也不一定。当你经过仔细思考之后，你可能会选择那个最令人讨厌的人，不光是你讨厌他，其他人也讨厌他，大家都不愿意和他打交道，因为此人不诚实，爱吃独食，喜欢要阴谋诡计，喜欢背后说人坏话，喜欢过河拆桥、落井下石，等等。然后，你把这些特质写在那张纸的右边。

当你仔细观察这张纸的两边，你会发现能力强不强并不重要，是否美若天仙也无所谓，成绩好不好根本没人在乎，品格好才最重要。

左栏那些真正管用的品格，全都是你可以做到的，只要你愿意行动，你就能拥有这些品格。而那些坏品格，没有一件是无法改善的，只要你有决心，你一定能改掉。如果你能够做到左栏那些，摒弃右栏那些，你就会成为人人愿意买入10%的人，更美妙的是你自己本就100%拥有你自己。

（二）品格上的短板还影响幸福

选择婚姻伴侣时，有些选择是十分困难的：要好看的穷人还是丑陋的富翁？要自私的才子还是慷慨的笨蛋？要幽默浪漫的花花公子还是安分守己的榆木疙瘩？

我们选择一个人，首先肯定是看中他的优点。每个人在意的东西不一样，外貌协会的选择好看的，文艺女青年选择浪漫的，缺乏安全感的选择德行好的，都无可厚非。如果你自己是 90 分，那没事，你可以要求对方完美。如果你是站在 70 分的队伍里，那多半只能选择 70 分左右的对象。他势必不完美，你要他这个优点，必然得接受那个缺点。那么，你愿意他在哪方面减掉 30 分呢？

可以用木桶理论来分析这个问题。如果有 10 种主要特质的话，比如外貌、财富、能力、性格、品行等等，那么这 10 种特质就是组成一个木桶的 10 块木板，最长的一块决定了他能多大程度吸引你，而最短的一块决定了他能给你盛装多少幸福。所以，你在选择那块长板时，必须留意他最短的短板在哪里，有多短。长板可以不长，但短板绝对不能太短，否则他的桶里装不下多少幸福。在非要扣掉 30 分的前提下，最好是平均在每块板子上扣掉 3 分，让这个桶实现容量的最大值，而不是其他都好，只有一块太短，最后什么都装不了。

听过很多这样的故事：

他什么都好，就是太小气，我买一条毛巾他都生气，去看望父母多买几个苹果都要给脸色，我几年都不敢添衣服，家里存款逐年增加，日子却过得跟五保户似的，真不知道攒那些钱有什么用。

他什么都好，就是脾气太暴躁，常常为一件芝麻大的事勃然大怒，隔三岔五对我大打出手，打过之后他自己也后悔，但过不了几天还是会暴怒动手。

这样的人，他再帅，再有钱，再专一，再幽默，又有什么用？他的短板实在太短，把所有长板的优势都漏掉了。

如果他9块板子都是10分，剩下那一块0分，那么这个90分的华丽丽的男人，必定会带给你华丽丽的痛苦。当然，他自己不可能一个人独自幸福，他也痛苦。

如果他的每块板子都是6分，那么他的总分是60分，也许离你的要求还有差距，但你起码可以得到一个平淡的圆满。

品格，固然可以"扬自己的长"，但难以"避自己的短"。避无可避，就要关注每一种品格，着力"补短"。注重品格补短的人，更可能收获成功和幸福。

第六章
智能时代良好品格解析

良好品格的培养是智能时代家庭教育的核心，但是，只强调良好品格很重要是不够的，因为无法落实。通常人们只有知道了，理解了，才能做到，所以，罗列并解释这些良好品格，是很有必要的。

在智能时代，良好品格的内涵，有一部分发生了巨大的变化。下面我将按照"善、强、真、美"的顺序，简要论述智能时代所需的良好品格。

人的品格是如此复杂，挂一漏万是难免的，而且每个人情况各异，优缺点各异，理解也各异，唯有敬请读者谅解了。

一、求善，变得更加仁爱

（一）"善"是利他

谈"善"之前，先要谈人的本性。

1. 人是双重本性的

"人之初，性本善"还是"人之初，性本恶"，争论 2000 多年了，可以打住了。人既非"性本善"，也非"性本恶"，而是**双重本性**的。从生命科学的角度看，人既自私，也利他。

利他就是有利于他人。

《自私的基因》作者理查德·道金斯认为，我们以及其他一切生物都是各自的基因所创造的机器。在一个具有高度竞争性的世界，我们的基因生存了下来，有的长达几百万年。这些成功基因的一个突出特性就是其无情的自私性。这种基因的自私性通常会导致个体行为的自私性，然而我们也会看到，基因为了更有效地达到其自私的目的，在某些特殊情况下，也会滋长一种有限的利他主义。

所以，我们不需要为自己常常冒出来的自私念头内疚，因为这是人性使然。但是，也不要拿基因的自私性来为自己的自私行为辩护，因为基因的决定性仅有统计学的意义，没有任何理由能让我们认为基因的效果不能被其他因素影响，比如社会、道德、文化。而且，我们的大脑已经进化到一定程度，使我们得以背叛自身的自私基因。这种行为的一个明显现象便是，我们采用避孕来减少后代数量。

一个基因有可能帮助存在于其他一些个体之内的其自身的复制品。看上去像是个体的利他主义，但这样的利他主义出于基因的自私性。不管怎样，利他主义是与生俱来的，虽然其力量小于自私。

利他主义者还有个小秘密：感觉很好。行善会让人感到愉快，对别人好也会让自己觉得不错。

在一个脑成像实验中，实验者给几十个人每人 128 美元真钱，并让他们自由选择是把钱留下或者捐给慈善机构。当这些人选择捐钱时，大脑的奖赏中心被激活，他们会体验到无私的快乐。事实上，有几个测试者在选择把钱捐出去的时候，其奖赏中心的活跃程度比他们收到现金时还要强烈。在一些大脑看来，付出比得到更好。

人是肉体与灵魂的结合，"食色性也"（肉体需求的驱动，本我，小我，自私）是人的本性，灵性良心（良知，超我，大我，利他）也是人的本性。双重本性是矛盾的，肉体的欲望和人性里的灵性良心是不一致的。灵性良心很难压倒血肉之躯，一般只能适度让步。灵性良心完全占上风的不多，血肉之躯吞没灵性良心的，倒也不少，而最常见的，是不同程度的妥协。[1]

总而言之，人既自私，也利他，既非"性本善"，也非"性本恶"，而是双重本性的。

2. 善，是一种利他的情感 [2]

人为什么要有情绪、情感？进化论可以告诉我们答案。

第一团网络神经元实际上不过是一套自动反射弧，随着时间的推移，这些原始脑变得越来越复杂，从蚯蚓的几千个神经元到远古灵长类动物的上万亿个神经元。

大约 20 万年以前，智人首次出现。那时，地球上已经到处都是脑区高度分化的生物了：有可以使用磁场迁徙到大洋彼岸的鱼，有靠星

---

[1] 杨绛：《走到人生边上——自问自答》，商务印书馆 2007 年版。

[2] 现在的市场经济中，善是善良，是一种利他的情感。在中国古代，善还是"明人伦"——尊卑、长幼秩序，因为古代是以"人的依赖关系"为特征的社会。伦是指辈，类；人与人之间的关系；条理，次序。

空导航的鸟，还有能嗅到一英里以外食物的昆虫。这些能力都是本能的副产品，自然选择使它们具有这样的能力，完成特定的任务，达到生存下来的目的。

在这漫长的岁月里，人类的情绪脑也进化得相当精密了。它的"软件代码"一直不断地接受测试，已经发展到能够通过极少信息迅速做出决定的水平了。缺乏情绪、情感的人，无法在远古恶劣的环境中生存，比如，在和猛兽相遇的时候因为缺乏恐惧没有立刻狂奔，就可能被吃掉。情感基因通过幸存的人生存了下来，因此，作为后代的我们，天生就具备了情感的能力。

善，是一种发乎人类内心的利他的情感，是进化的结果。有这种情感的人，他们在生存竞争中具有更多的优势，更容易生存下来。这种情感是无数年的自然选择赋予人类的天性。如同人看到车子开过来的时候会躲开，饥饿的时候想要找食物一样，那些眼睁睁地看着车子撞到自己身上而不知躲避的人都被淘汰了，那些肚子里的食物消化光了还感觉不到饥饿的人都饿死了，而那些没有情感的人也同样被自然选择抛弃了。所以，善是本能，是与生俱来的。

善首先不是同某一个人的关系，而更多的是一种表现稳定的情感，类似人生态度。这种态度决定了一个人同整个世界的关系。这种态度，或者说情感，就是热爱生命，对所有的人都有一种责任感，关心、尊重和了解他人，愿意帮助他人。

善与利己并不矛盾，因为自己的长期利益本来就经常和短期利益发生冲突。一般来说，善有利于自己的灵性良知，不利于自己的肉体欲望；有利于超我，不利于本我；有利于大我，不利于小我；有利于未来的自己，不利于现在的自己。

3. 利他行为最终有利于自己

眼光稍微长远一点点，在陌生人一锤子买卖领域之外，利他行为都是利己动机的理智选择。

亚当·斯密说，因为我知道世界很大，而我自己很渺小。认识到这一点，我就会有一种想要获得荣誉的愿望——如果我毫无荣誉感，只顾自己，特别自私，别人就会看不起我，这样的人生就没什么意思。

所以这其实就是个人利益，只不过我们的个人利益不仅仅是物质上的，还包括"别人对自己的观感"这样的精神追求。更进一步，这个利益还可以包括"自己对自己的观感"——哪怕没有别人在场，这就是"慎独"。

亚当·斯密说："人天生就不但希望被爱，而且希望自己是个值得爱的人。"

亚当·斯密的这套道德说法，有个相当严密的逻辑结构：人要追求自利——"自利，就要被爱"——"被爱，还得值得爱"——"获得被爱，一个好方法是智慧和美德"，一步一步可以像数学理论一样推导出来。这就是一个理性人的道德，它自成体系。所以，道德不是圣人强加给我们的教条，道德不是满足自己情感诉求的方法，道德是一个理性人的自利选择。

那有人说，我就不要精神追求，我只追求物质利益。即便如此，在陌生人一锤子买卖领域之外，利他仍然是利己动机的明智选择。

科学家在囚徒困境中的模拟显示，"针锋相对"（不首先背叛；宽容，对恩怨只有短期记忆；不嫉妒）优于"永远背叛"的策略，因为其拥有更高稳定性。与其指责损人利己者的道德缺失，不如心安理得地采取善良的"针锋相对"策略，因为短视的损人利己策略会埋下长期的不利己的种子。

好人终有好报，从理智的角度思考，利他行为是一个优于极端自私行为的选择。

在智能时代，情况更是这样。很多个人信息伴随终生，多年前的损人利己行为都有可能被挖出来，导致身败名裂。

但是，终究还是有人不顾别人利益，自私自利。我认为这些人这么做的原因不是"自利"，而纯粹只是愚蠢！

家长提问

孩子很自私，怎么办？

参考解答

智能时代，人不要太自私很重要，因为自私影响人与人的合作。

自私是天性，利他也是天性。用语言教导孩子不要自私是无效的，即使他因此表现出慷慨，也多半是装的。

教育孩子不自私，首先要给孩子一些他想要的东西。正如家长只有给孩子足够的爱，他拥有的爱溢出了，才会爱别人一样。家长只有给孩子一些他想要的东西，孩子变得"富裕"了，他才有不自私的条件，才有可能变得慷慨。

没有自己的物品，没有安全感的孩子，会倾向于用"抢"来得到自己想要的东西，用自私来试图保留自己已经得到的东西。家长只有给孩子足够的安全感，让他明确知道他拥有一些物品，对于这些物品他有完全的处置权，他才会与别人分享、交换。

孩子懂得交换能更有效地得到自己想要的东西后，可能就会慢慢体会到自私对他是不利的，慢慢学会不自私。孩子懂得送别人东西，别人也会回报他东西后，他会慢慢学会慷慨。

（二）人生的意义在于能为他人创造多少价值

人们往往关注自己利益的获取，"天下熙熙，皆为利来，天下攘攘，皆为利往"。过于关注赚钱往往使人走上歧途，见利忘义。赚不该赚的钱是走不远的，"出来混，终究要还的"。即使赚的都是正当的钱，当钱足够多时，你也会因为丧失目标而迷惘。

但如果换一个角度，把思考的重点从获取利益转移到创造价值上，那世界将是另一副模样。专注于创造价值，不但将使你通过交换获得生存，还会支持你走得更远，额外还会给你带来"意义"。做有意义的事情的作用是增强你的幸福感。

在智能时代，赚钱最靠谱的方法就是为社会、为他人创造价值——做一个对别人有用的人。如果你始终关注于创造价值，你收入的增加或早或迟总会随之而来。

如果你是职员，你关注于给公司创造价值，将能更快成长。你创造的价值越大，公司给你的也会越多。即使这家不给你，换家公司还是会给你。

然而，很多为老板工作的人的关注点并非在创造价值，而只考虑自己是否拿到了足够的薪水，至于这段时间自己有没有创造更多的价值，他们是不关心的。

曾有个月薪 3000 的女孩子，做的工作总漏洞百出，领导怒拍桌子，她却回了句："一个月 3000 元工资，你还想怎么样！"她的潜台词是，你给我更多，我自然就做得更好。但问题是，你表现得这么差，老板凭什么给你高工资？而如果你在拿 3000 元工资时，能体现出 8000 元的价值，老板自然会给你更多的薪水，即使这个老板不给，也会有其他公司、其他老板给。

关注点的不同，会造成完全不同的心态，导致完全不同的成长。

企业也一样，关注于给消费者提供价值，就会兴旺发达，关注于从消费者那里榨取价值，必将衰落。斯卡利任 CEO 时的苹果公司就是这样试图榨取消费者价值，乔布斯对此深有体会，并在他的传记里细加说明。

犹太人认为，每个人都是"商人"，无论你是一位工厂工人、垃圾搬运工、整天处理文件的行政助理、公司的 CEO，还是全职妈妈，你都是在从事"商业活动"，因为你以某种方式给他人提供了价值。作为一个商人，如果你诚实并且守信地运营自己的商业活动，提供了人们需要的产品和服务，那么你就是在让世界变得更好，你就对这个世界有价值。犹太人从小就被灌输"商业就是做对别人有价值的事情"的理念，当你从这个角度看问题，你便更可能在所在领域成功。而且，当你真正理解了你所从事的商业活动对别人的意义之后，你对待工作的心态就端正了，甚至有了对工作的热情。因为这样的工作或事业不但使我们给社会创造价值并从中赚到钱，还能使我们获得生理、安全、归属、尊重和自我实现的需要。

"人生的意义在于你能为他人创造多少价值"，它能够帮助我们找到人生的方向，做自己擅长的，别人又需要的事情，额外还会获得更多的快乐。罗素说过，"真正令人满意的幸福总是伴随着充分发挥自身的才能来改变世界"。

（三）感受更多幸福

不妨把幸福作为人生的终极目标。幸福不但意味着较高的生活满意度，更会让生命变得更加丰盈、蓬勃。幸福确实可以帮助人们在生活的方方面面取得更大的成功，幸福的人通常也更加长寿。

幸福人生的特征有积极情绪、投入、兴趣、意义、目的等，附加特征有自尊、乐观、复原力、活力、自主、积极关系等。

一个幸福的人也会有情绪的起伏，但他会在整体上保持一种积极的人生态度。他经常被积极的情绪推动着，比如快乐、愉悦、满足、爱、狂喜、心流体验[1]，而很少被愤怒或内疚等消极情绪控制。快乐是常态，而痛苦只是小插曲，即使有时经历痛苦，人在总体上仍然是幸福的。

不幸福的人多半倾向于向他人索取，而无暇利他。幸福的人有更多的爱，多半也能给他人更多的爱，世界也会因此变得更美好。

世界是自己的，与外界无关。幸福只能向心中求，"吾心自足，不假外求"。

看过电影《湄公河行动》，对里面一个一晃而过的片段印象深刻：

---

[1] 心理学家米哈里·希斯赞特米哈伊（Mihaly Csikszentmihalyi）将心流（Flow）定义为一种将个人精神力完全投注在某种活动上的感觉；心流产生的同时会有高度的兴奋及充实感。

因拒绝种植罂粟被毒贩砍断双臂的村民，伤愈后种植茶叶，虽无双臂，生活困难，脸上却露出祥和、幸福的微笑，令人难忘。

1988年4月，24岁的哥伦比亚大学哲学系博士霍华德·金森对121名自称非常幸福的人进行调查，得出这个世界上有两种人最幸福：一种是淡泊宁静的平凡人；一种是功成名就的杰出者。

20年后，他回访了其中的119人，结果却让他陷入了沉思。

这些年来，那69名淡泊宁静的平凡人的生活发生了许多变化：他们有的已经跻身于成功人士的行列；有的一直过着平凡的日子；也有的由于疾病和意外，生活十分拮据。但是他们的选项都没变，仍然觉得自己"非常幸福"。

而那50名成功者的选项却发生了巨大的变化：仅有9人仍然坚持当年的选择——非常幸福；有23人选择了"一般"；有16人因为事业受挫，或破产，或降职，选择了"痛苦"；另有2人选择了"非常痛苦"。

看着这样的调查结果，霍华德·金森总结说：所有靠物质支撑的幸福感，都不能持久，都会随着物质的离去而离去。只有心灵的淡定宁静，继而产生的身心愉悦，才是幸福的真正源泉。

如果从外在的方面去找，就算我们得到了想要的外在一切：车、房、地位、金钱、名誉……没有内在对自我的认可和肯定，这样的快乐持续的时间不会超过一周，甚至更短。但是，如果我们先拥有了内在的喜悦平和，就可以以更好的状态来面对生活中的很多事情，从而获得需要的外在物质及其他。

要想追求幸福的人生，必须全面关照自我的五个层面：精神灵性、体能、智慧、人际关系和情绪情感。①精神灵性层面不一定是宗教，也可以是追求一个有意义的生命，学会掌控心灵意志的人，更接近幸福；②健康的身体无疑有助于感受幸福；③智慧帮助我们更好地处理事务，减少烦恼；④良好的人际关系也是幸福感的来源之一；⑤情绪要求我们学会面对生命中的挫折，培养弹性，明白无论遇到怎样的悲伤、考验或是波折，我们都应该为活着本身而感到由衷的快乐并感恩；情感在幸福的追求中扮演着一个关键的角色，很难想象一个缺乏情感的生命是幸福的。

家长提问

为什么给了孩子这么好的物质条件，孩子还是不觉得幸福？

参考解答

现在物质越来越丰富了，智能时代，物质更会极大丰富。

在智能时代，要把"感受幸福"作为一项技能去学习。不注意方式方法，孩子想要什么家长就给什么，会毁掉孩子的幸福的！

感受更多幸福的方法有：

（1）有意识地品味生活。

幸福经常和快乐联系在一起。相比于抽象的幸福，我们更熟悉具体的快乐。一顿美餐、一场精彩的电影或者在春天的阳光下散步，都会让我们快乐，这种快乐像是幸福催化剂一样，会感染到我们生活中的许多方面。快乐地生活，就是你在这种生活里尽量找乐子，获取尽可能多的积极情绪。为此，你需要掌握增加快乐的技巧，包括留意和品味，感受感官之乐，感受生活的美好。品味是指我们有意识地去感受愉悦，并特意去延长这种愉悦的感觉。

物质贫瘠的年代，孩子们可以用自制的玩具获得极大的快乐，有一根五角钱的冰棍吃就开心得不得了。物质丰富的现在，再贵的玩具也只能让孩子得到些许的满足，再贵的食物也未必让孩子满意。

因此，家长一定不要太轻易地满足孩子的物质需求，否则会妨碍孩子感受幸福。人对于轻易得到的东西，产生的幸福感不强；对于好不容易得到的东西，产生的幸福感则相对比较强。而且，人对于物质的东西，比较容易厌倦。饿的时候，吃的第一个包子让人感觉幸福，第五个包子让人要吐。许多第一次的经验很刺激，第十次的时候就让人生厌了。

拥有自由时间也不见得能提升幸福度，孩子常以被动式娱乐（看电视、悠闲地读报纸杂志、悠闲地聊天、发呆、休息等）打发时间，也因此，人的精神混乱度将大为升高，整个人会觉得懒懒散散，兴趣全无。相比较，主动式休闲（读书、运动、电影、游戏等具备挑战的活动）有助于孩子成长，帮助孩子感受更多幸福。这个世界绝对充满值得人去做的趣事，唯有缺乏想象力或精力，才会构成问题。

（2）全身心投入学习、创作。

人本心理学大师罗杰斯说："幸福的、满意的、愉快的等一类形容词，对于我称之为美好生活的这种过程似乎并不是什么恰当的概括性描述，尽管处在这种过程中的人在相应的时刻还会体会到这些情感。似乎更普遍适合的是这样一些形容词，例如丰富的、兴奋的、挑战性的和富有意义的等。我确信，这种美好的过程不是怯弱者所能领略的生活。它意味着全身心地投入生活的洪流。可是，人世间极其令人兴奋的事情是，当个人取得内在的自由时，他就会选择这一形成过程作为美好的生活。"也就是说，幸福不但是一种情感活动的感受，也是认知活动与意志活动的感受。

有能力感悟幸福的人不仅为了自己的目标努力奋斗，也享受当下的每时每刻。他们抬头看路，同时低头拉车。他们不但能够享受当下所做的事情，而且通过目前的行为，也可以拥有更加满意的未来。快乐代表现在的美好时光，属于当下的利益；意义则来自目标，属于未来的利益。

目标的作用是帮助我们解放自我，这样我们才能享受眼前的一切。如果我们盲目地踏上任何旅途，那过程本身肯定不会有什么乐趣。如果我们不知道方向，甚至连自己要去哪里也不知道的话，那人生中每一个岔路就会变得非常矛盾。那样我们将无法享受旅途本身和风景等美好的事物，只会被犹豫和迷惑所吞噬。只有当我们确认目标后，我们才能把注意力放在旅途本身上。重点是要有目标，能够实现它则在其次。

为实现目标的奋斗过程，比达成目标更能带来幸福和积极的情绪影响。如果想保持幸福感，就必须改变我们通常对目标的期望：与其把它当成一种结局（相信它可以使我们开心），不如把它看作是意义（相信它可以加强我们旅途中的快乐感受）。当目标被认可为意义时，它才能帮助我们规划旅途中的每一步；而目标被认为是结局时，它所带给我们的只会是无尽的困难和挑战。

目标应该是自我和谐的目标。追求这些目标，并不是因为他人觉得你应该这么做，也不是出于责任，而是因为它对我们具有更深层的意义并且能够带给我们快乐。寻找真正能让自己快乐而有意义的目标，才是获得幸福的关键。

要让孩子从学习中体验幸福，就要引导孩子正确看待学习。如果孩子只是把学习当作一种任务，而不是期待在其中有成长、满足求知欲、自我实现，那么每天去学校只是因为他必须去，而不是他想去。这样他就无法从学习中体验快乐，他所期盼的就是节假日了。如果节假日还要补习，那就连盼头都没了。

有些孩子却能在学习中体验到好奇心的满足和求知的快乐。这是类似很多艺术家、科学家的工作体验，就像我们狩猎时期的祖先，学习、工作与玩乐密不可分，将学习和工作完全融入生活，以至于可以说"我一生每分每秒都在工作"，也可以反过来说"我从未工作过一天"。富有意义的创造性的工作可以给人以最大的幸福。

家长应该引导孩子正确看待学习成绩，宁静致远，只问耕耘，不问收获。鼓励孩子创作，包括小制作、小作品、小项目等，是让孩子喜欢上学习的很重要的方法。

要让孩子从学习中体验幸福，还要引导孩子树立目标，感受完成目标的全过程。即使是身处过度应试教育中的孩子，有些也能体验到临考前全身心投入复习功课所带来的强烈的充实感。

（3）享受成绩。取得了好成绩，高兴一下，也无可厚非。

（4）享受亲密。构成美好生活的最重要因素并非富有、成功，而是良好的身心健康，以及温暖、和谐、亲密的人际关系。

（四）提升意识境界

大卫·R.霍金斯博士认为，意识作为一种能量，具有强大的力量，并绘出了人类"意识能量层级图谱"。

霍金斯博士的观点并非科学，而是一种洞见。虽然无法证实，但我还是非常认同，用它可以解释很多事情。

从低到高的意识境界分别是：羞耻（能量级20）、内疚（能量级30）、冷漠（能量级50）、忧伤（能量级75）、恐惧（能量级100）、欲望（能量级125）、愤怒（能量级150）、骄傲（能量级175）、勇气（能量级200）、中立（能量级250）、积极（能量级310）、接纳（能量级350）、理性（能量级400）、仁爱（能量级500）、喜悦（能量级540）、宁静（能量级600）、开悟（能量级700—1000）。[1]

> 能量级175：骄傲——这是你开始感觉良好的第一个层次，但这是种错觉。它依赖外部环境（金钱、声望、比较等），因此是脆弱的。骄傲会导致民族主义、种族主义及宗教战争。想想纳粹，这是一种失去理性、否定一切和自我防御的状态。一些虔诚的宗教徒也被困在这个层次上。你如此深陷于自己的信仰，以至于会把对你的信仰的攻击看作是对你本人的攻击。很多小孩也处于这一层级，所以他们听不进你的话。
>
> 能量级200：勇气——显现出真正力量的第一个层次。这是你把生命看作兴奋和挑战，而非重压的起始点。你开始隐

---

[1] 大卫·R.霍金斯：《意念力激发你的潜在力量》，中国城市出版社2012年版，第30—45页。

隐对个人成长感兴趣。在这一层级，人们从这个世界汲取了多少能量，就回馈多少能量；而在比其低级的水平，不论是群体还是个人，都只有索取而没有回报。孩子成长到这一层级时，不会再对你的批评反应强烈。

能量级 310：积极——现在你有了基本的安全和舒适，开始更高效地利用自己的能量。这类人是社会的中坚力量，他们勤勤恳恳，兢兢业业，无怨无悔。

能量级 350：接纳——你开始接纳自身角色在这世上的责任。这一水平的人对事物少有曲解和误解，由于经历丰富，他们能够窥见事情的全貌，不再为谁对谁错斤斤计较，相反地，他致力于解决问题，找出办法。接纳主要是同平衡、比例和适当有关，能自己制订和达成目标。如果你的生活中，比如职业、健康、人际关系等，出现了什么差错，你就会定义自己想要的结果，并着手纠正。这一水平没有歧视，对人宽容，他们意识到，平等与多样性并不矛盾。

能量级 400：理性——在此层次，你超越了低层次的情感影响，开始清晰而理智地思考。理性能够处理复杂庞大的数据，快速做出正确决策，理解盘根错节的关系，分得清细微的差别。

能量级 500：仁爱——在理智层次，你是为头脑服务，但最终当你囿于过于理智的困境中时，就走进了死胡同。比起就事论事，你发觉自己其实需要一个更大的背景。这是你对真正的目标产生觉醒的层次。在这个层次上，你的动机不但纯洁，而且不会被自我的欲望摧毁。想想甘地、特雷莎嬷嬷，你也会开始被一种比自身更伟大的力量所引导。

能量级 540：喜悦——一种植根极深、不可动摇的幸福感。它不是由一件喜事带来的突如其来的欢喜，而是在所有活动中持久存在的喜悦。

能量级 600：宁静——到了这种境界，主客体之间的界限已经消失，已经超越了世俗的牵绊。

能量级 700—1000：开悟——人类意识所能达到的最高境界，天人合一，极其罕见。那些开悟的圣人的教导提升了整个人类的认知层次。

虽然我们可能在不同的时候处在不同的层级，但通常每个人都会有一种主要的状态。从一个层级提升到另一个层级会给你的生活带来巨大的变化。

霍金斯声称其标度值有指数效应，即高层级的人远远少于低层级的人。85% 的人的能量级在 200 以下，仅有 0.4% 的人能量级在 500 及以上，1000 万个人中，仅有一两个人的能量级能达到 600 以上。

我觉得不必深究这个比例是否精确，模糊的正确比精确的错误更可取。

意识能量层级决定着生命的品位、品质；层级越高，正面能量越大，获得的成功和快乐也就越多。若想获得健康和内在的升华并有所成就，就要通过调节内在而改变、提升自己的能量层级。

我们所能做的最重要的事情之一，就是提升自己的意识境界。

我们在为之努力的同时，也在向周围的人播撒着更高境界的意识。这样做本身就是在创造价值，至少是在创造精神价值。我们都漂浮在人类意识的集体层面上，因此，我们为其增值，最后都会返回我们自身。

想象一下，要是每个人的意识境界都能至少达到接纳层级，那么这个世界将会变得多么不可思议：接纳自身角色在这世上的责任，致力于解决自身遇到的各种问题，找出办法，出了什么差错就着手纠正，这样又怎么会产生犯罪呢？没有歧视，对人宽容，这个世界还会有战争的硝烟吗？

然而，提升意识境界层级往往非常困难。我们所有人都必须与人性中的阴暗面苦苦抗争。每个人在某些方面都有缺陷，每个人都走在成长之路的某个阶段，只不过有些人走在我们前面，而有些人却落在后面，有些人止步不前。

从一个层级进步到更高的层级需要巨大的能量。没有有意识的努力或是他人的帮助，你很可能就处在目前的状态而不自知，直到外界的力量闯入你的生活才察觉。

处在勇气层级以下的人们，基本上无法在没有外界帮助的情况下提升自己的意识境界层级。拒绝改变或者成长，才是大多数人的常态。

电视、电影、书籍、谈话等，都会对你的意识层级产生影响。受高意识境界层级的人的感染，或者书籍的触动，是提高意识境界层级的好办法。如果你是处在内疚层级，某一电视连续剧或许可以提升你的意识境界层级；但如果你是处在理性层级，看同一电视连续剧则很可能会暂时降低你的意识境界层级。

在过去的几个世纪，家庭和教师是对孩子主要的，甚至是唯一的影响源。但是在今天，大众文化包括网络文化、电视电影、广告、流行音乐等的影响力往往更大。它们往往还传播着与家庭和学校教育中的教导大相径庭的价值观。广告往往描绘消费比工作更让人满足，宣泄比自制更好，物质主义比理想主义更有意义。

所以，家长一定要控制孩子接触的电影、电视、书籍等，注意选择正能量的，以提高孩子的意识境界层级。尤其是小孩，必须先接触大量高意识境界的内容，然后才能看一些反映复杂社会多个面向或者社会阴暗面的内容，以增进应对复杂现实的能力。但是，有得必有失，在增进这种应对能力的同时，必定也会失去相应的纯真。

提升意识境界层级最重要的因素，是一种开放的思想和心甘情愿的态度。我们必须有意识地去接近那些能帮我们完成下一次飞跃的资源。每一步都需要不同的解决方案，比如时间管理对于从中立转向积极效果挺好，但一本时间管理方面的书对一个处在骄傲层级的人来说就没有多大作用，自我防御会使他们抵制其中的观念。

家长提问

孩子就喜欢看《喜羊羊与灰太狼》《熊出没》等动画片，怎么办？

参考解答

电影、电视都会对孩子的意识境界层级产生影响，家长一定要筛选孩子接触的电影、电视，注意选择正能量的，以提高孩子的意识境界层级。

在智能时代，可选择的影视资源将是海量的，看电影、看电视将变得非常方便。但是，高层级意识境界的人远远少于低层级的人，而商业电影、电视出于票房的考虑，通常都是为迎合占大多数的意识境界层级不太高的人拍摄的，所以家长不能以票房和热门度为标准来选择给孩子看的电影、电视，而应该选择世界范围内经过时间考验的、经典的、能提高孩子意识境界层级的电影、电视，来代替《喜羊羊与灰太狼》《熊出没》等动画片。

我个人会把自己看过的适合孩子看的电影、电视做好记录，在适当的时候推荐给孩子看。好的影视剧是非常好的家庭教育工具，很多时候比父母的唠叨有效得多。

比如，动画片：《千与千寻》《天空之城》《幽灵公主》《萤火虫之墓》《哈尔的移动城堡》《狮子王》《疯狂原始人》《冰雪奇缘》《头脑特工队》《疯狂动物城》《海洋奇缘》等。

比如，表现美好主题的影视：《机器人总动员》《飞屋环游记》《放牛班的春天》《海洋》《家园》等。

比如，关于情感的影视：《罗马假日》《魂断蓝桥》《乱世佳人》《怦然心动》《大话西游》《忠犬八公的故事》等。

比如，科幻片：《星球大战》《星际穿越》《火星救援》《黑客帝国》《终结者》等。

比如，关于励志、勇气的影视：《肖申克的救赎》《阿甘正传》《当幸福来敲门》《摔跤吧！爸爸》《铁拳男人》《垫底辣妹》《翻滚吧！阿信》《写给上帝的信》《社交网络》《国王的演讲》《角斗士》《我是路人甲》《佐贺的超级阿嬷》《士兵突击》《亮剑》《我是演说家》等。

比如，关于复杂社会的多个面向与多样人生的影视（等孩子高年级了再看）：《活着》《一九四二》《辛德勒的名单》《卢旺达饭店》《鬼子来了》《浪潮》《窃听风暴》《血钻》《阿克洛什》《海豚湾》《美丽心灵》《遗愿清单》《碧海蓝天》《浮城大亨》《入殓师》《教父》《蝙蝠侠：黑暗骑士》《战争之王》《辩护人》《夺命金》《可可西里》《一次别离》《黑鹰坠落》《人口贩卖》《飓风营救》《亲爱的》《沉默的羔羊》《犯罪心理》等。

当然，相对影视剧，书籍更能锻炼孩子的思维能力、想象力、逻辑思考能力等。

（五）有助于"善"的良好品格

善，知易行难。自己的短期利益、肉体欲望、本我、小我是如此强大，以至于我们要采取各种方法来克制它们。这些都是基因的安排，如果没有这安排，在环境恶劣、物资匮乏的年代，我们的祖先老早就被饿死了。

然而，时代变了，在物质丰裕的智能时代，我们只有战胜它们，才会有更好的发展。

1. 内省

内省是反思自己的思考或情绪。想一想自己为什么这么想？自己的想法从何而来？思考过程有没有问题？为什么有这种情绪？是怎样的潜意识导致现在的情绪？

内省是反思自己的行为是否合乎道德规范。曾子曰："吾日三省吾身，为人谋而不忠乎？与朋友交而不信乎？传不习乎？"内省并不是闭门思过，而是就日常所做的事，进行自我思想检查。

对思考的内省，能够帮助我们提高自己的思考能力，促进我们的心智成长。

对情绪的内省，能够帮助我们提高自己的情商，比如发生不愉快的事情，我们可以通过内省分析自己情绪的来源，理智地分析客观现实和自己在整个事件中的过失与责任，妥善消除致恼、致忧、致怒的根源，使不良情绪得以消除。

对行为的内省，会对人产生重要的心理作用。"内省不疚，夫何忧何惧？"内省之后如果问心无愧、心安理得，就增强了道德行为的信心和勇气。

曾国藩之于后人的最大意义是，他以自己的实践证明，一个中人，通过内省"陶冶变化"，可以成为超人。换句话说，如果一个人能够真诚地投入自我完善，他的本领可以增长10倍，见识可以高明10倍，心胸可以扩展10倍，气质可以纯净10倍。愚钝之人，通过自我磨砺，也可以看得透，立得定，说得出，办得来。浮嚣之人，也可以变得清风朗月般从容澄静。偏执之人，亦可以做到心胸开阔，不矜不伐。曾国藩认为，磨炼自己要有如鸡孵蛋般的耐心和韧性。他的一生，就是不断自我攻伐、自我砥砺的一生，因此也是不断脱胎换骨、变化气质、增长本领的一生。

要让孩子养成内省的习惯，家长可以经常问孩子：你是怎样想的？你为什么这样想？你生气了吗？你为什么生气？你这样做对不对？

2. 不以自我为中心

我们不难发现有这样一些人，他们存在着过于浓厚的自我中心观念，要求所有的人都以他为中心，恨不得让地球都围绕他的意愿转。凡事都只希望满足自己的欲望，要求人人为己，却置别人的需求于不顾，不愿为别人做半点牺牲，不关心他人痛痒。这种人强烈希望别人尊重他，却不知道自己也得尊重别人，心中充满了自我，却唯独没有他人。

极端的自我中心主要表现如下：

（1）固执己见，唯我独尊。这种人总是希望别人与自己有一样的态度、意见，而且在明知别人正确时，也不愿意改变自己的态度或接受别人的意见，因而难以从态度、价值观的层次上与别人进行交往，整体上交往的水平很低。

（2）自尊心过强、过度防卫、有明显的嫉妒心。这种人有很强的自尊心，凡事不愿损伤自己的自尊，强烈地维护着自己，因此他们不希望或不愿意别人在自己之上，对别人的成绩、成功非常妒忌，对别人的失败幸灾乐祸。

（3）不关心别人，与他人关系疏远。由于这种人时时事事都从自己的利益出发，不顾别人，有事则登三宝殿，不求于人时，则对人没有丝毫热情。实际上，人类的交往是互惠的，是"人人为我，我为人人"。

我们大多数人没这么极端，但或多或少会有以自我为中心的时候，想自己多，想别人少，或者自视太高放不下身段，或者过于陷入自己受到的一点小挫折所带来的消极情绪中。

1506 年，王阳明因上书言事，得罪了权奸刘瑾，被抓了起来，并被贬谪到贵州龙场驿做驿丞。

王阳明刚到龙场时觉得走投无路，活得非常艰难，心里非常苦。后来，王阳明在龙场驿站悟道。悟道后，同样的环境，他怡然自得。

说到底，刚到龙场时，他在内心深处把自己看得太高了——状元公的儿子，浙江第一才子，兵部主事。可后来王阳明悟道了，其实自己真的就是一个普通人，没什么了不起。

智能时代，充分发挥人类智能优势，懂得与人合作的人，更有可能成为赢家。与人合作的能力比智商重要得多，而不以自我为中心是与人合作的基础。不以自我为中心，才能关注他人，关注社会，才有情商，才有团队意识，才有好的发展。

家长提问

孩子非常以自我为中心怎么办？

参考解答

以自我为中心是孩子早期自我意识发展的一个必经阶段。婴幼儿会把每一件事情都与自己关联起来，好像自己就是宇宙的中心一样。也就是说，婴幼儿只能根据自己的需要和感情去判断和理解事物、情境、同别人的关系等，而完全不能采取别人的观点，不能注意到别人的意图，更不会从别人的角度去看问题，同样不能按事物本身的规律和特点去看问题。这是儿童正常发展的阶段性现象，过了7岁一般就不这样了。

如果孩子上小学后，还非常以自我为中心，那就不正常了。大孩子的"以自我为中心"习惯不是一天两天形成的，而是长期过度的呵护和溺爱造成的。

家长要教育孩子学会尊重他人，并做好表率，让孩子不要把长辈的关心和爱护当成理所当然。

在家里不要围着孩子转，不要把孩子作为关注力的中心，更不能把孩子当作家里的小皇帝，因为这样会让孩子养成凡事以自我为中心的习惯，什么事都得依着自己的性子。

引导孩子与小伙伴分享自己的物品，学会与小伙伴团结合作，体验由分享、合作带来的互惠、双赢的感受。

给孩子创造结交朋友的机会，鼓励孩子与同学、邻居发展友谊，鼓励孩子多带同学、朋友来家里玩，鼓励孩子到同学、朋友家玩，让孩子在交往中体验如何与朋友相处，逐步养成为他人着想、关心他人的习惯。

鼓励孩子积极参加集体活动，让孩子在集体活动中学会与小伙伴团结互助，逐渐养成集体意识，体验团队的荣誉感。

另外，在智能时代，人工智能将越来越聪明，越来越知道我们的喜好，投我们所好。比如，App"今日头条"，知道我们喜欢看什么，就会让我们更多地看到什么。知道我们喜欢看八卦新闻，就会让我们看到更多的八卦新闻。再比如，以后的居家机器人，估计也会百分百听从我们的指示，让我们在家里活得像个皇帝，说一不二。与机器人相处惯了，人还真可能会不习惯与其他拥有独立意志的人交往。我们唯有有意识地从这种环境中走出来，学着与其他人相处，锻炼不以自我为中心的能力。

3. 重情义

重情义就是重视情谊、道德。

这世界本来跟我们真的一点关系都没有，但是我们一路走过来，与父母、配偶、孩子、亲朋、好友建立了亲密关系，于是就有了牵挂和生之留恋。重情义的人，才可能会幸福。

即使从长期利益角度考虑，重情义也是对自己长期有利的策略。因为世界是由"不确定性"支配的，大部分"利、害"难以精确计算，更难以在当期计算，采用重情义的策略才是对自己长期有利的策略。而且，情义类似于保险，当期投资，远期可能受益。

急功近利和只计算利害的人是短视并且愚蠢的。虽然短期可能得益，但是长期来看，这是对自己不利的策略，因为人们不喜欢与不讲情义的人交往。

在智能时代，隐瞒一件事将越来越难，不讲情义的人将更快露馅。当大家都认识到他是这样的人后，他将众叛亲离，变成孤家寡人，结局凄凉。

我们应该警惕与那些不重情义的人交往，因为当你目前对他有利时，他会对你很好，但当你对他有害时，他就会表现得不近人情。比如，这样的人在追求年轻漂亮的女孩子时，他可能会百依百顺，但当女孩子年华逝去，变得对他不利时，他就会断然抛弃。所以，孩子将来找配偶，首先要看对方是否重情义，可以有意识地考察他对其他人尤其是弱者是不是讲道义、情义。另外，有钱的不一定不重情义，没钱的也不一定重情义。

孩子重不重情义，通常受家长的影响最大。家长是重情义的人，孩子一般也重情义。要教育孩子重情义，家长唯有自己先做到重情义。

家长应该用情义覆盖大部分人际关系，包括私德、公义、社会责任。

家长提问

以付报酬的方式来激励孩子做家务好不好？

参考解答

不好。

以付报酬的方式来激励孩子做家务，刚开始可能有效果，但长期来看没有效果。因为下次孩子很可能以"我累了""不愿意""这钱我不要赚了"等理由拒绝做家务。而且，以付报酬的方式去激励孩子做家务还有副作用。

家庭是教情义的地方，是教尽孝道的地方，是教付出的地方，是教感恩的地方，是教责任、本分的地方。家庭教育靠的是身教、示范、引导。付报酬是把功利主义带入最温暖、祥和的地方，得不偿失。

当孩子恩义、情义没有培养出来时，会滋生什么？会滋生"利害"心。而只计算利害的人，结局是不会好的。

4. 谦逊

谦逊是谦虚、不自大、不虚夸、不高傲。

谦逊意味着实事求是，意味着有自知之明，是一种与他人在一起的时候，把自我视为一个人却不高于他人的能力。

谦逊，是自信的一种外在表现，是对自我具有强烈认同感的表现。谦逊能让我们更接近坚实的大地，专注于脚下的路，在生活和工作中一步一个脚印，默默前行。而一味地自傲只会使我们的心灵变得像空心的芦苇一样脆弱，疾风吹过便易折断。

谦逊是善学、成长的基础。孔子说："见贤思齐焉，见不贤而内自省也。"又说："三人行必有我师焉，择其善者而从之，其不善者而改之。"见人有好品德，就向他看齐，虚心学习他的善行；见到人有不良的品德表现，就要对照检查自己，引以为戒，防止犯类似的错误。而傲慢是成长的杀手。只要傲慢心滋生，就很难成长，学问、事业就很难有所成就。

谦逊和骄傲的衡量标准是成长速度。成长速度快的人必定谦逊，傲慢的人成长速度慢，非常傲慢的人不但无成长，甚至还会倒退。

王阳明说："人生大病，只是一傲字。为子而傲必不孝，为臣而傲必不忠，为父而傲必不慈，为友而傲必不信。"自大、傲慢、骄傲自满，都需要内省。没有谦逊，我们将保留我们所有的缺陷，这些缺陷只会被骄傲的硬壳所覆盖，骄傲蒙蔽了我们的双眼。谦逊能使我们对自己的过错和失败承担责任，而不是归咎于他人，并为此感到歉意，努力寻求补救之道。

家长提问

孩子骄傲自大怎么办？

参考解答

　　家庭是孩子成长的第一课堂，父母是孩子的启蒙老师，家长亲身示范的好坏会直接影响到孩子。有的家长由于自身条件较好，平时总是一副目中无人、唯我独尊的姿态，时常表现出对他人的不屑，比如，在背后议论某个同事的缺点，贬低别人。当孩子听到这些话时，也会有样学样，只看到自己的优点和长处，嘲笑别人的缺点和短处。因此，如果孩子骄傲自大，家长首先要检查自己是不是也是这样的。

　　其次，父母溺爱，孩子从小得到家长过多的表扬和奖励，也可能会导致孩子骄傲自大、目中无人、自命不凡。因此，家长要注意表扬的方式方法。可以表扬孩子的品格，这样的表扬能激励孩子做得更好，但尽量不要表扬孩子"聪明"，因为这样的表扬无助于孩子的进步，反而可能让孩子骄傲自大。

　　再次，家长可以引导孩子认识人工智能的强大，认识创造人工智能的工程师的智慧。在他们面前，孩子完全没有骄傲自大的理由。

　　最后，家长可以适当让孩子受点挫折。交给孩子一些难度稍大的工作，使他感到自己的能力不足，还需向别人学习，寻求别人的帮助。这样做，一方面可以防止孩子由于过分顺利而滋长骄傲情绪，让孩子正确看待自己，另一方面又能促进孩子进步。

　　5. 感恩

　　巴菲特在他授权的传记《滚雪球》中提到一个概念——

"卵巢彩票"。他说："我的财富还要拜以下三点所赐：生在美国，一点幸运基因，以及广泛的兴趣。我和我的孩子都有幸赢得了我所说的'卵巢彩票'，以我为例，上世纪30年代能够出生在美国的概率是30：1，加之作为一名白人男性，我得以规避当时社会许多人不可逾越的障碍。"

他感恩道："还是个孩子的时候，我各方面的条件就很优越。我的家庭环境很好，因为家里人谈论的都是趣事；我的父母很有才智；我在好学校上学。我认为，我的父母是世界上最好的。"

"感恩"是个舶来词，牛津字典给"感恩"的定义是："乐于把得到好处的感激呈现出来且回馈他人。"

感恩之心，就是对世间所有人、所有事物给予自己的帮助表示感激，铭记在心。譬如，感恩为我们的成长付出心血的父母。这对于孩子来说尤其重要，因为，很多孩子是家庭的中心，他们只知有自己，不知爱别人。没有一颗感恩的心，孩子永远不能真正懂得孝敬父母、理解帮助其他的人，更不会主动地帮助别人。让他们学会感恩，其实就是让他们学会懂得尊重他人，感谢爱自己、帮助自己的人，对他人的帮助怀有感激之心。当一个人懂得感恩时，便会将感恩化作一种充满爱意的行动，实践于生活中。

常怀着一颗感恩的心，随之而来的，就必然会不断地涌动着诸如温暖、自信、坚定、善良等美好的品格。有感恩之心的人，必定不以自我为中心，必定不很自私，必定谦逊，必定见贤思齐，必定有恭敬心。见贤思齐，见不贤而内自省，必定进步大，成长快；有恭敬心，"诚于中，形于外"，必定有礼貌、有礼节，必定有很多贵人相助。这样的人，能不幸福，能不成功吗？

对于生活心存感恩，我们就不会有太多的抱怨，世上没有十全十美的事物，比抱怨更重要的是自己为改变这一切做了哪些努力。感恩之心足以稀释我们心中的狭隘和蛮横，还可以帮助我们度过最大的痛苦和灾难。常怀感恩之心，会使我们逐渐原谅那些曾有过结怨甚至触及我们心灵痛处的人，会使我们已有的人生资源变得更加深厚，会使我们的心胸更加宽阔。常怀感恩之心，就会知足，内心会觉得很充实，知足者才能够常乐，人生就会过得再快乐不过了。

家长提问

孩子从不知道感恩，怎么办？

参考解答

要培养孩子感恩的习惯，首先要从家长自己做起。家长常常表达感恩，是对孩子最好的感恩教育。

其次，要给孩子劳动的机会。劳动后，才有切身体会，才知道感恩。现在孩子劳动的机会变少了，很多家务都由机器代劳，碗筷由洗碗机洗，衣服由洗衣机洗，地由扫地机器人扫，很多家庭还有保姆。在智能时代，家长更要想办法挖掘可以由孩子承担的家务活，比如擦桌子、整理自己的房间，给孩子创造劳动的机会。

再次，可以让孩子写一段时间"感恩日记"，感谢人、事、物，不要重复，用心挖掘。这个方法，能让孩子学会欣赏别人，感谢身边的每个人，拥有一颗感恩的心。

6. 适度节制物质欲望

物质对生活的改善有一个临界点，超过这个点，物质就成了我们的主人。物欲太强，容易沦为欲望的奴隶。面对人们不断膨胀的物欲，梭罗说："多余的财富只能够买多余的东西，人的灵魂必需的东西，是不需要花钱购买的。"如果一个人能满足于简朴生活，便可以更从容、更充实地享受人生。

在智能时代，商家会不断通过创造新产品来吸引人们购买。想要幸福，首先就要善于驾驭自己的欲望，善于为了家庭、父母和孩子的幸福放弃自己的一部分欲望，善于限制自己的欲望。只有那些能够节制自己欲望的人才可能是幸福的人。

按照能力大小和物质欲望高低，可以把人分成四类。能力很大而物质欲望却很低的人，是社会改造和进步的推动者、贡献者；能力不大而物质欲望也低的人，有平凡但不见得平淡的生活；能力很大而物质欲望也很高的人，未来变数最多，可能成事也可能败事；能力不大而物质欲望却很高的人，注定过不好这一生。

对于孩子，节制物质欲望要适度，因为孩子很多物质方面的要求，其实是求知、体验世界的需要。他想要某一东西，或想吃某一东西，或想玩某一东西，只要是他没体验过的，就可以用合适的方式满足他。即使是他体验过的，如果他很想要，那么让他自己设立一个目标，达成目标后就可以买给他。

如果孩子想要某一东西的目的是向同学朋友炫耀，那么应该引导他，让他明白，只有通过学习增长的自身实力才能体现自身价值，身外之物都不能体现自身价值；只有创造价值才值得骄傲。

二、求强，变得更加强健

这里所说的"强"，不仅仅是身体上的"强"，更重要的是心的独立和成长，是内心强大。

（一）独立是自由的基础

人类在幼年时期必须仰赖父母养育成长，依靠他人的帮助长大，经过十几年不断的学习与成长，方能日渐独立。当然，最理想的情况是，一个人的生理、情感、心理与经济能力等各方面随着年龄的增长都不断成长，直到有一天能完全自立。

但是，现实生活中，很多人到了早该独立之时却迟迟不能独立。由于他们的情感、心理和思想等方面未经锻炼，很多人表面看上去像个成年人，心理上却仍对父母有着巨大的依赖，他们沿袭着上一代的价值标准、思维模式和思想观念，从来不能真正主宰自己的命运。

情感上不独立的人，价值观与安全感建立在别人的评价上，一旦无法取悦别人，个人便失去价值感。

心智上不独立的人，依靠他人，认为别人照顾自己是天经地义的，别人要为自己的成败得失负责也是理所当然的。遇事若有差错，便怪罪或迁怒他人，从不自省，也从不会自己寻找解决方案。如果逃避心智的问题，外部的成功和自以为的幸福都是短暂易逝的。不解决心智的问题，人就无法获得心灵的自由，苦难和悲剧就是注定的。无论你的问题是对生存的担忧、对人生的迷茫，还是情绪的困扰、婚姻的麻烦、事业的挫折、身体的疼痛、心理的障碍、性格的缺陷，只有从心智成长入手解决人生所遇到的问题，才是根本的解决之道。否则只是舍本求末，头痛医头，脚痛医脚，治标不治本。

知识上无法独立的人，是没有经过思想挣扎的人，要依赖别人代其思考。他的大脑里塞的都是官方或别人告诉他的东西。他自己没有独立思考，没有把别人给他的观点再自己动脑检查一遍，看看别人说的对不对，别人有没有能力确保论据的正确性，别人的推理有没有漏洞、不合理乃至错误的地方。没有独立思考，就没有思想自由。而思想自由是免遭压迫的自由、独立自主的自由的基础。

情感上独立的人能够肯定自我，不在乎外界的毁誉；心智上独立的人有自己的主见，具备抽象思维、创造、分析、组织与表达能力；知识上独立的人具备独立思考能力，不会人云亦云。独立的人有这样的观念：我是个独立的个体，我为自己负责，我可以自由选择。

一个人只有在情感、心理和思想等方面经历艰难成长，从依赖进化到独立，才算有了自由的基础。

自由不是想做什么就做什么，而是可以不做自己不想做的事情。自由是"从心所欲不逾矩"，在成熟心智的判断下，根据自己的独立程度，遵从自己的内心欣喜地去做自己想做的事，拒绝各种诱惑，认清自己的能力，决不勉强去做自己不想或不能做的事。

当然，独立、自由并非终点，成长并非到此为止。在不断提升自我的同时，我们可以体会宇宙万物唇齿相依的关系，包括人类社会在内，整个大自然共享着一个生态系统，个人无法离群索居。我们需要互助，我们可以自主、合作、集思广益，共同开创未来。

情感上互助的人，完全肯定自己的价值，但也承认需要爱、关怀及付出；心智上互助的人，可以自给自足，但也了解互助合作能发挥更大的作用；知识上互助的人，取人之长，补己之短。

家长提问

孩子处于青春期，逆反心理强，怎么办？

参考解答

很多研究表明，在关系恶劣的青少年和父母中，很多都是儿童期就开始出现问题，那些一开始就不太亲密的家庭关系更容易变得恶劣。关系积极的家庭很少在孩子进入青春期时遇到严重问题。[1]

当然，孩子进入青春期，会面临生理上、认知上的转变。

孩子进入青春期后，独立意识开始强化，对很多事情都有了自己的想法。他们总想坚持自己的主张，可家长们却总不放心，便经常开展说服教育，甚至加以训斥。这使孩子抱怨家长对自己的不理解，甚至开始厌烦家长。家长于是认为孩子有逆反心理。

实际上，逆反只是表象，追求独立才是实质。

智能时代，物质愈加丰富，孩子的独立愈加困难。在孩子的青春期里，家长要有意识地鼓励孩子在情感、心理和思想方面从依赖成长

[1] 劳伦斯·斯坦伯格：《青少年心理学（原书第10版）》，机械工业出版社2015年版。

到独立。家长的职能要更多地转变到"孩子的朋辈"职能上，以尊重、平等、真诚的态度对待孩子。家长还要创造条件让孩子独立承担责任，当孩子感受到做事情的困难，感受到照顾别人的责任时，孩子就不会逆反了。

（二）积极的心态是一切成功的起点

1883 年，拿破仑·希尔出生在一个贫寒之家。他为一家杂志社工作时，有幸采访了钢铁大王、人际关系学家卡耐基，此后，他应卡耐基之邀从事对美国成功人士的研究工作。希尔访问了包括福特、罗斯福、洛克菲勒、爱迪生在内的 500 多位成功者，并对他们进行了深入研究。拿破仑·希尔发现：所有成功人士所共有的一个秘密是具有积极的心态。

积极的心态是正确的心态。正确的心态是由正面的特征组成的，如自信、诚实、充满希望、乐观、勇敢、进取、感恩、慷慨、容忍、机智、诚恳、常识丰富等。拥有积极心态的人，永远不会消极地认为有什么事是不可能的。

拥有积极心态的人把别人的批评、责骂、指出不足、建议等，看成是善意的，看成是对他的关爱、帮助和造就，以感恩和学习的心态，虚心听取，思考、分析、反省，从中吸收营养，促进自己成长进步。

拥有积极心态的人视挫折为成功的踏脚石，借助挫折磨炼自己，并将挫折转化为机会；拥有消极心态的人视挫折为成功的绊脚石，回避挑战，任机会悄悄溜走。

一个人如果心态积极，乐观地面对人生，乐观地接受挑战和应付麻烦事，那他就成功了一半。我们的心态在很大程度上决定着我们人生的成败。

心理学家将一个组织的对话根据积极或是消极的词语进行编码，然后算出积极与消极的比例。当积极与消极的比例大于 2.9 ∶ 1 时，公司就会蓬勃发展；低于这个比例时，公司的经济状况就不会好。家庭也一样。

家长提问

孩子认为自己不是读书的料，怎么办？

参考解答

人的心理不是受客观事物本身影响，而是受你对客观事物的解读的影响。同样是考试没考好，不同心态的人会做不同的解读。

解读风格有三个维度：永久性、普遍性、人格化。

永久性：消极型的人认为不如意的结果是"永远"，积极型的人认为不如意的结果是"有时候""最近"。永久性维度决定一个人会放弃多久。

普遍性：消极型的人会因为一件事全盘否定自己，积极型的人认为这件事自己不擅长，但其他能力还是很好的。

为不幸的事找到暂时的和特定的原因是获得希望的艺术。暂时的原因限制了无助的时间，特定的原因将无助限制在特定的情境中。对挫折采取永久性和普遍性解释风格的人容易在压力下崩溃，这个崩溃是长期的，而且是全面的。

人格化：当不好的事情发生时，我们可以怪罪自己（对内归因），也可能怪罪旁人或环境（对外归因）。

家长可以借助这个解读风格模型来改变孩子的自我认知，让孩子明白：成绩不好是暂时的，只要不断努力，不断成长，一定能学好；有些科目可能弱一些，但也有自己擅长的科目。

家长应坚持积极的解读风格，用以身作则的榜样行为影响孩子，帮助孩子慢慢形成积极的解读风格。家长要抓住一切教育机会，让孩子体验积极情绪，认识到积极解读风格对自己成长发展的积极影响。

（三）最重要的是成长

工业时代，因为环境变化没那么剧烈，成长并非那么重要，很多人大学毕业后，基本停止了成长，问题也不是很大。

智能时代，成长实在是太重要了。不但要成长，还要不断地成长。成长，是让自己成为赢家的根本性方法。

人生有很多问题，小的时候有小的问题，大的时候有大的问题，学习时有学习的问题，工作时有工作的问题。许多问题是没必要解决的，你只需要成长，成长，再成长，变得足够大，足够强。到时候你扭头回看来路，就会发现，这些问题或是自然消失了，或是已经不再成为问题了。

所以，要把注意力集中到成长上，成长最重要！

就像终身学习一样，我们要终身成长。因为在知识上、经验上存在复利效应。我们只要持续成长，在许多年后的某一天，知识会变现，而且它一旦变现，很可能瞬间就能抵消过往所有的挫折。

另外，不要过于关注成功，因为成长是自己能决定的，成功是自己不能完全控制的。成长是过程，成功是结果。成功除了个人的努力加上时间的积累外，还要有上天赋予的才智、机遇和运气。

（四）长时间的刻意练习

研究者 Hayes 和 Bloom 的研究表明，在几乎所有领域，大约要 10 年才能培养出专业技能。这些领域包括西洋棋、作曲、绘画、钢琴、游泳、网球等。似乎没有真正的捷径——即便是音乐天才莫扎特，他 4 岁就展露出音乐天赋，在写出世界级的音乐之前仍然用了超过 13 年的时间。

Malcolm Gladwell 在 *Outliers* 中把"10 年"换算成了更为精确的"10000 小时"——一个人的技能要达到世界水平，他的练习时间就必须超过 10000 个小时。[1]

但是，仅仅时间的积累是不够的。任何一个工作 10 年乃至 20 年的人都很有经验，但是大部分都没有成为领域里的专家。

那么，除了时间的累积以外，是什么决定了一个人能否成为顶尖的专家？

---

[1] 格拉德威尔：《异类——不一样的成功启示录》，中信出版社 2014 年版。

为什么大部分人不能像杰克·韦尔奇一样管理企业，不能像大卫·奥格威一样设计广告，不能像梅西一样踢球，不能像二郎一样做寿司？看看周围的大多数人，他们工作勤奋，也经常看书学习，有的甚至有几十年工作经验，但是大部分人在自己的领域内，几乎永远也无法达到或者接近顶尖的水平。

心理学家 Ericsson 的研究发现：缺乏"刻意练习"，使大多数人无法达到或接近顶尖水平。

刻意练习是指为了提高绩效而刻意设计出来的练习，它要求一个人离开自己的熟练和舒适区域，不断地依据方法和反馈去练习和提高。

比如，足球爱好者只不过是享受踢球的过程，普通的足球运动员只不过是例行地训练和参加比赛，而顶尖的足球运动员却不断地发现现有能力的不足，并且不断以自己不舒服的方式挑战并练习高难度的动作。

有的人有 10 年工作经验，但是大部分时间都是在无意识地重复自己已经做过的事情，真正刻意练习的时间可能连 100 小时都不到。有的人只有 2 年工作经验，但是每天花费大量的时间做刻意练习，不断挑战自己完成任务水准的极限，用于刻意练习的时间可能超过 1000 小时。这就是为什么有的人工作 10 年仍然不是专家，而有的人工作 2 年时间就表现卓越。表面上看是 10 年和 2 年的差距，实际上是 100 小时和 1000 小时的差距。真正决定水平高低的，并不是工作时间，而是真正用于刻意练习的时间。

刻意练习，难在练习的设计上。学校里老师布置作业，都是针对全班学生统一布置的，对于特定的学生而言，大部分只是重复练习或者因太难而应付了事，真正能提高水平的刻意练习很少。

智能时代，人工智能将能够提供个性化学习系统，为你量身定制刻意练习。如果你数学考了 90 分，那系统就提供与丢掉的 10 分同类型的题目；如果你考了 100 分，那系统就提供更难的题目；如果你作文没写好，系统就会分析原因，是不是你阅读量不够，如果是，就给你增加阅读量，如果是经历不够，那就指导你丰富自己的经历；系统还会用传感器观察你的表情，结合做题速度，判断你是不是需要提示或指导。

（五）有助于"强"的良好品格

1. 责任感

责任感，是对应该做的事情勇于面对并试图尽力做好，将值得做的事情和有必要做但可以不做的事情也视为自己应该做的事。

每个人都肩负着责任，不但对工作，也对家庭、对亲人、对朋友。社会学家戴维斯说："放弃了自己对社会的责任，就意味着放弃了自身在这个社会中更好的生存机会。"责任感帮助我们完成好我们所肩负的责任。只有圆满完成这些责任，我们才可能幸福。

当我们对工作充满责任感时，就能从中学到更多的知识，积累更多的经验，就能从全身心投入工作的过程中找到快乐。这种习惯或许不会有立竿见影的效果，但可以肯定的是，当懒散敷衍成为一种习惯时，做起事来往往就会不诚实。

粗劣的工作，就会造成粗劣的生活。工作是人们生活的一部分，做着粗劣的工作，不但使工作的效能降低，而且还会使人丧失做事的才能。工作上投机取巧或许会、也或许不会给你的老板带来经济损失，但是必定会让你自己的一生得不到成就。

责任感是我们战胜工作中诸多困难的强大精神力量，使我们有勇气排除万难，甚至可以把"不可能完成"的任务完成得相当出色。失去责任感，即使是做我们最擅长的工作，也会做得一塌糊涂。

家长提问

孩子缺乏责任感，怎么办？

参考解答

首先，家长应该为孩子做表率，做一个有责任感的人。在单位里认真工作；对自己的言行负责任，答应别人的事情一定要履行承诺。

其次，要慢慢交给孩子一些责任并提醒他尽力做好，比如，收拾自己的房间，收拾自己的玩具，承担一些家务活，等等。对孩子做得好的应给予表扬，对做得不尽如人意的也不要一味地去责备和批评，以免打击其积极性和信心。这样，让他在体验中有所收获，更加珍惜劳动成果，同时也让他在以后的生活中更愿意参与这种家庭活动。

再次，鼓励孩子承担班级里的职务，并参与社会活动。社会责任感的有无和大小是一个人能否取得他人和社会承认的重要因素。家长不能以"怕孩子吃亏"的狭隘思想来束缚孩子，只要孩子有能力去做，能够承担责任，就不要阻拦。家长可以传授孩子一些做事的方法、技巧，使孩子把事情做得更快、更好，让孩子承担责任的体验更丰富、更愉快。

最后，让孩子自己承担做错事的后果。让孩子承担做错事的后果，能避免孩子屡教不改，有助于培养有判断力、有责任心的孩子。孩子会在承担后果的过程中慢慢体悟到什么样的行为会造成怎样的后果，会逐渐形成正确的是非观，在做事之前，也会渐渐养成先思考再行动的良好品性。

2. 延迟满足

延迟满足，就是我们平常所说的意志力、忍耐、自制力。为了追求更大的目标，获得更大的享受，可以克制自己的欲望，放弃眼前的诱惑。事实上，那些因一时冲动犯罪的人，往往都是因为不能克制自己瞬间膨胀的欲望。相反，那些事业有成的人，往往能够把一个个小的欲望累积起来，成为不断激励自己前进的动力。

延迟满足非常有助于我们的成长。

20 世纪 70 年代初期，沃尔特·米歇尔做了一个实验，他邀请了一群 4 岁小孩到他的心理学实验室。这些孩子可以选择要一块随时就可以拿到的棉花糖，或是等 15 分钟得到两块。

每个孩子单独待在一个房间里，面前有张桌子，桌子上有一块棉花糖。多数 4 岁的孩子在棉花糖的诱惑下没能坚持几分钟，就吃起了棉花糖。只有几个孩子等了 15 分钟拿到了两块棉花糖。他们或者用手捂住眼睛，这样他们就看不见棉花糖了；或者将视线从棉花糖上移开。

时间快进到 1985 年。当年只有 4 岁的孩子们现在在上高中了。米歇尔通过追踪调查问卷发现，这些孩子 4 岁时等待棉花糖的行为和他们青少年时期的行为有着显著的关联。等待时间不到 1 分钟就吃棉花糖的孩子后来更可能出现行为问题，他们的成绩更差，他们在压力情境下更焦躁，更容易发脾气，他们的 SAT 分数比那些等了几分钟的孩子平均低 210 分。

与孩子 4 岁时的 IQ 测验相比，这个测试能更好地预测他们高中时的 SAT 成绩。那些能够"延迟满足"得到两块棉花糖的学生，各科目成绩都要比那些熬不住的学生更高。参加工作后，他们从来不在困难面前低头，最终总是能走出困境获得成功。

等待第二块棉花糖的能力揭示了理性脑的一个关键能力。前额叶皮层能抑制妨碍目标达成的情绪脑的冲动。忍耐的孩子更善于运用理智控制自己的冲动，他们就是那些用手捂住眼睛、看着其他方向或者将注意力转移到其他东西上的孩子，而不是那些坐在棉花糖正前面的孩子。让这些孩子抵挡诱惑的理性脑也能让他们专心做作业。

家长如何培养孩子延迟满足的能力呢？

孩子幼年发育时，当不能享受"怎么舒服就怎么来"时，他的大脑就会慢慢诱导出一套适应痛苦的调控机制。儿童时代诱发出来的调控机制，一生都不会轻易去除。这原本就是人类生存的本领，只是在人类生活条件变好后受到了抑制。如果在幼年时期没有发展出这套适应痛苦的机制的话，长大了就很难发展了。

培养方法很简单，在孩子幼年时期，家长只需要做到经常让孩子"等待"就可以了。比如，给孩子他想吃的东西，但是和他说好，要等到 5 分钟后才能吃。

3. 坚毅

坚毅是一种对于长期目标的热情和为之百折不挠追求下去的坚韧。

有明显坚毅特质的人，在面对挑战时会想尽办法克服，在遭遇挫折、失败和瓶颈时，能继续保持对目标的热情和努力。

坚毅是一种包含了自我激励、自我约束和自我调整的性格特征。如果你看见一个孩子"能很投入地一直做一件事很久"，就可以说这孩子具有坚毅的品格。

坚毅一方面强调吃苦和受挫，一方面强调甘之如饴。如何才能甘之如饴？当人们完成一个困难的认知性任务时，大脑的奖赏中心就会分泌多巴胺，快乐的感觉油然而生。更神奇的是，在期待成功时，大脑也会分泌多巴胺，而且比真正获得成功时分泌得更加旺盛，这就给了我们延迟满足的能力。正如亚里士多德所言，教育的果实是甜的，但根却是苦的。任何知识、技能和能力的获得，都离不开枯燥的练习和反复的挫折。

坚毅能够帮助我们获得成功。2013 年，宾夕法尼亚大学心理学副教授安吉拉·达克沃斯因揭示了"自律和坚毅对于学业成绩的重要性"获得素以"天才奖"而著称的麦克阿瑟奖。杜克沃斯教授发现，坚毅是将成功的学生和那些挣扎过但失败的学生区分开来的好的标准。

　　杜克沃斯对数以千计的高中生进行了调研，她发现：无论在何种情况下，比起智力、学习成绩或者长相，坚毅是最为可靠的预示成功的指标。

　　那么，家长如何培养孩子坚毅的品格呢？

　　首先，不要让孩子在感觉最糟糕时放弃，鼓励孩子坚持、再坚持！

　　坚持是一种非常重要的品质，尤其是在练习过程中感觉最糟糕的时刻。达克沃斯的家规要求孩子不要在感觉最糟糕的时刻结束任务。这条家规同样适用于大多数的家庭和孩子。因为在遭遇挫折的那一刻就立即放弃，意味着有可能将错过最棒的突飞猛进的时刻。所以，达克沃斯要求她的两个女儿每做一件事都要坚持到底，让她们逐渐将这种克服不适感和障碍的情境当作常态。

　　其次，帮助孩子养成对失败和沮丧的平常心态。

　　成功往往出现在多次尝试之后，这些尝试往往充满艰辛、挫折甚至失败。这是很正常的事情，要帮助孩子适应这些失败和沮丧的情况。让孩子认识到，所谓的失败只是"尚未成功"，放弃才是真正的失败。

　　最后，培养孩子的自信心。

　　当孩子遇到困难时，父母可以采取引导的方法，鼓励他们采取多种手段来解决问题，让孩子在解决问题中形成对其个人长远发展来说至关重要的自信心。

4. 自信

　　自信是相信自己有能力完成某项任务、解决某个问题的信念。

　　自信包含：

　　（1）优势认定。对自己的优势与劣势有正确的认识，并对自己的实力、优势有正确的估计和积极的肯定。不自卑，不自欺。

（2）信念。相信自己有能力实现既定目标，特别在问题难度加大时，表现出对自己的决定或判断的认可。

（3）敢于挑战，也敢于接受挑战。

（4）坚持不懈。即使遇到阻挠、诽谤等困难，也不改变目标，直到实现原先设定的目标。

自信对我们的工作、生活非常重要，是心理健康的重要标志之一，也是一个人想取得成功必须具备的一项心理特质。我们的事业、爱情、生活、工作，都需要自信。自信给我们力量，让我们心中升腾起无尽的希望。

那么，如何培养孩子的自信呢？

自信不是凭空生出来的，而是建立在实打实的现实上的，它来源于成功的实践。孩子只有解决了一个个小问题，才会慢慢生出对自己能力的自信。

自信，不仅是对自己当下能力的相信，更是对自己未来能力的一种相信。

有人相信能力和智力都是固定的（至少是有固定上限的），有人相信能力和智力都是逐步积累获得的（甚至是没有上限的）。这两种观念带来的差异巨大。家长一定要让孩子相信能力和智力都是逐步积累获得的，相信自己能够成长，在未来能做到某些现在看起来还挺困难的事。只有这样想，才会对自己的未来有真正的自信。

5. 努力

努力是用尽力气去做事，是一种做事情的积极态度。

努力来自人生意义，来自人的需求，来自自律，来自责任感，来自坚强的意志。

富兰克林说："我未曾见过一个早起、勤奋、谨慎、诚实的人抱怨命运不好；良好的品格、优良的习惯、坚强的意志，是不会被所谓的命运击败的。"

世界时装日本浪潮的设计师和新掌门人山本耀司说："我从来不相信什么懒洋洋的自由，我向往的自由是通过勤奋和努力实现的更广阔的人生，那样的自由才是珍贵的、有价值的；我相信一万小时定律，我从来不相信天上掉馅饼的灵感和坐等的成就。做一个自由又自律的人，靠势必实现的决心认真地活着。"

天赋决定了我们所能达到的最高成就，努力程度决定了所能达到的最低成绩。越努力，成绩越好。比较努力是不够的，要很努力才行。非常努力的人，总会有好成绩，即使是最坏的结果，也不过是大器晚成。

有个姑娘，高中没毕业就被迫嫁人，生完小孩后丈夫死了。她一无所有，独自带着孩子开始打工，什么工作都做过。只是累也就罢了，更要命的是穷。最艰难的时候，她每天只能吃一片面包，还要分两次吃，有时候饿得路过沙县小吃都想进去打劫。

即使这样，她晚上还自学会计，花了比旁人多几年的时间，到31岁拿到会计证。7年后她成了一家公司的财务副总监。

问她这么牛，到底是什么力量在支撑她？她说，高中的时候，她是班上最刻苦的学生，她的老师很喜欢她，鼓励她说："以你的努力程度，你的人生最坏的结果，也不过是大器晚成。"

　　这句话让她永远不放弃自己。

奇迹不过是努力的另一个名字。能改变自己的人，只有你自己。

三、求真，变得更有智慧

　　单靠学习得来的道理，就好像义手、义脚、义齿等，用起来不够自如；而经过自己思考得来的道理，则好像自然的身体四肢一样，确确实实属于自己所有，运用自如。

　　"学而不思则罔"，没有思考，知识不可能转化为智慧。

　　我们固然经常通过数据分析进行理性思考，但单凭数据分析的理性思考是无法获得智慧的，而且会轻易被人工智能打败。

　　智能时代，我们更应该充分发挥人类智能擅长的思考方式，比如跨领域深度思考、意会。

　　人文学科，比如人类学、社会学、国际关系学等，要求跨领域深度思考，而且很难被量化，所以是人工智能不擅长的。

　　意会，要在客观的量化数据之外，获取更丰富的知识、体验、感觉、理解，以做出更好的决策，这也是人工智能所不擅长的。

　　在一个人习惯深思熟虑之前，周密的思考往往是一个费力而痛苦的过程。

锻炼思考能力的方法，至少有以下几种：

（一）了解大脑

你的大脑是你最重要的工具。要正确利用这个工具，一个途径就是去了解它。人类的大脑和思维是目前已知的最为复杂的系统，对这个系统的研究，不仅自身是一件极其迷人的事情，对于非专业研究者而言，即便不去做研究，学习一些这方面的科普知识，对于学会正确地思考也有极大的益处。

（二）观察世界，观察生活

苏联教育家苏霍姆林斯基认为："儿童学业落后的原因，就在于他没有学会思考。周围世界里的各种事物、现象、依存关系和相互联系，没有成为儿童思考的源泉……让实际事物教给儿童思考——这是使所有正常儿童都变得聪明、机敏、勤学、好问的一个极其重要的条件。"

家长应该鼓励孩子从生活中学习，从观察中学习，在做事中学习，在游戏中学习，学到的东西会帮助他理解、思考学校里学到的知识。

（三）学会从不同角度，使用各种工具看问题

世界就像一幅立体画，你只有从不同的角度，使用放大镜、显微镜等不同的工具，才能看清楚其中某些隐藏的细节，才能看清楚某些运转的内在机理。比如，通过辩证法，你会领会"塞翁失马，焉知非

福"的意义；通过复杂系统理论，你会知道历史充满了不确定性，少有必然。

（四）不断进行思考

大脑就像一块肌肉，没有人天生拥有健硕的体格，也没有人天生就有强大的思考能力，这些都是后天锻炼出来的。

只要是肌肉就符合"用进废退"的规律，健脑和健身一样，其实是看得见的、实实在在的变化。健脑之后，你的大脑皮层的面积会越来越大，脑部的沟回也会越来越多。

（五）学习各学科知识，增进学识

如果说健身房里面的哑铃、杠铃是我们锻炼肌肉的器械，那么优质的书籍和文章就是训练我们思维的工具。

"我们如何思考"这一问题涉及很多领域，如心理学、认知科学、逻辑学、统计学、经济学、批判性思维、发散性思维、判断与决策、复杂系统理论等。学习这些知识，对我们更好地进行思考帮助很大，鉴于内容众多，不展开叙述。

四、求美，精神更加丰盈

求美，简单地说，就是审美的教育。

对美的认知是可以培养的。对美的认知,最基础的来自视觉、听觉、嗅觉、味觉和触觉。

即便是小孩子,也有一些与生俱来的审美意识:有些人的相貌是美的,有些风景是美的,有些音乐是美的,有些食物是美的,有些材料是美的。

有一定的审美意识与审美能力,并有创造美的意愿和愿意为之付出的动手能力——这是长期培养之后习得的结果。换个角度看,教育的意义就是让我们拥有品位更高、知觉更丰富的器官。

音乐训练可以使我们分辨、创造更美的曲调;美术训练可以使我们分辨、创造更美的画面。于是,不同程度的教育会形成个体之间审美能力的巨大差异。最终,审美意识会触及且影响一个人价值观的方方面面。

在智能时代,艺术和美很难被人工智能替代,因为人工智能是量化的,善于分析和依靠数据的,而艺术和美是人的情感的表达,很难被量化。

乔布斯结合科技和艺术,创造了苹果电脑,获得了巨大的成功。在"供大于求,产能过剩"的智能时代,人们对产品会提出更高的要求,不但要有用,还要美。因此,经过长期审美教育,有很强审美能力的人,更可能在智能时代成为赢家。

第七章
智能时代良好品格培养办法

一、家长必须把自己升级为终身学习者

卢梭说："教育错了的儿童比未受教育的儿童离智慧更远。"父母应把盯在孩子身上的目光拉回来，反观自己的言行，认识自己的观念、态度和局限，尽量使自己变得成熟和冷静，使自己的教育方式更加适合孩子的天性发展，进而逐渐具备能够正确行使教育权利的能力。

巴菲特的搭档查理·芒格说："要得到你想要的某件东西，最可靠的办法是让你自己配得上它。"这句话说得实在是太好了，而且可以广泛运用于不同的地方：

你想获得事业，最可靠的办法是让你自己配得上它；

你想获得财富，最可靠的办法是让你自己配得上它；

你想获得爱情，最可靠的办法是让你自己配得上它；

你想获得名声，最可靠的办法是让你自己配得上它。

同样，你想获得更好的孩子，最可靠的办法是让你自己配得上他。

　　这背后的原因很简单：改变自己总是比改变别人容易。我看到过太多的家长，对孩子不停地说教、唠叨，企图改变孩子，却从来没想过改变自己！然后出现问题就归咎于孩子不听话。

　　那么，朝哪个目标改变自己呢？我的答案是"做更好的自己"——求善、求强、求真、求美，并且要成为终身学习者，终身学习。

　　终身学习者，认同以"发展的眼光"看自己和世界，而非以"静态的眼光"；终身学习者，善于从一切事物中学习，学得广且深，学得久，获得复利效应；终身学习者，能持续进步，心智不断成长进化。

　　终身学习者更可能获得幸福、快乐。每个人都希望获得幸福、快乐。获得幸福、快乐的办法，我们可以从积极心理学、儒家、王阳明心学、宗教那里寻找答案。积极心理学告诉我们：要独立，品味生活，投入工作，享受成就，享受亲密，活出意义来。儒家告诉我们：要内省、自律。王阳明心学告诉我们：吾心自足，不假外求。宗教告诉我们：追求无我、爱。这些都是体验更多幸福的路径。

　　那么，怎样才能发现这些路径呢？最靠谱、最有效的办法就是终身学习。

　　在智能时代，终身学习者更有可能成为赢家。芒格说："你们必须坚持终身学习，如果没有终身学习，将不会取得很高的成就。在我这漫长的一生中，没有什么比持续学习对我的帮助更大的。"要想成长，最靠谱的方法就是学习。人与人之间最重要的区别之一，就是对待学习的态度。我非常钦佩那些人，他们相信优势可以被学习，并且愿意付出时间、精力、努力，甚至忍受痛苦进行学习，以取得成长进步。

　　终身学习者的下一代更可能成为终身学习者。经常看到一些家庭教育失败的案例，原因各异。专家开的药方也各异，有时候直叫人无所适从。我一直在想，有没有简单的一句话可以帮助我们成为一名合格的家长？我认为，做好父母最重要的一句话就是：

自己成为终身学习者，并引导孩子成为一个终身学习者。

二、身教重于言教，家长的榜样力量

（一）身教

良好品格，是父母对孩子的要求，但首先应该是父母对自己的要求。

为什么说身教重于言教呢？

这是因为孩子的模仿性强，可塑性大。他们从小就把家长看作自己的学习对象。家长的思想品德、言行举止、待人接物等，都会使孩子耳濡目染，对他们产生潜移默化的影响。而且，家长的言教要令孩子信服，家长的身教就必须先让孩子佩服。

教育孩子要身体力行，家长言行一致，才能产生巨大的教育力量，否则，即使说得再有理有据，也会黯然失色。有些家长自己在家里打麻将，却叫孩子认真学习，孩子怎么会听？

身教重于言教，这是古今中外教育家公认的道理。孔子强调为教者必须"身正"。叶圣陶说："身教最为贵，知行不可分。"苏联教育家马卡连柯也指出："自身的行为在教育上具有决定意义。"家长必须要认识到身教的重要性。

身教重于言教，父母希望孩子做到的，自己最好先做到。父母示范了努力，孩子也更可能努力；"家有一老，如有一宝"，父母示范了孝顺，孩子也会孝顺。

另外，父母感情融洽很重要。夫妻间的情感会不断地拨动孩子的心弦，影响着孩子的心灵，使他们对善意、爱、真诚的感受越来越敏锐。没有父母的身先示范，所有家庭教育的说教都将成为空话。

实际上，在家庭教育中，家长最难做到的便是身教。人无完人，每个成人都带着自身性格缺点和某些坏习惯，以及不可避免地受到原生家庭[1]的影响，使得我们或多或少在某些阶段或某些范围，不自觉地恶化孩子的成长环境。

家长唯有终身学习，时时反省自己，才能更好地身先示范。在教育孩子的过程中，家长其实更是在自我教育、自我完善，成为更好的自己。

家长也无须过于担心，孩子没那么脆弱，只要家长表现出学习的态度，愿意改变，孩子就能理解家长此前的一些错误做法。不断进步的父母和一直优秀的父母同样有利于孩子的成长。

（二）言教

当然，言教也还是需要的。

1. 正面管教

孩子未来的幸福，要求孩子学会与别人相处，家长必须引导孩子

---

[1] 原生家庭即指父母的家庭。

尊重秩序并接受社会规则。

家长在公司里，在社会上，能以合适的方式与人交往、合作、解决矛盾冲突，却在家里经常用或娇纵或严厉的方式与孩子相处。与孩子亲近，孩子无法无天；于是家长对孩子严厉起来，发火、威胁、吼叫、打，孩子因此反叛、愤恨。连孔老夫子都抱怨孩子难养："近则不逊远则怨。"

有没有一条既不娇纵又不惩罚的中间路线呢? 有的。

（1）重视对家庭秩序的尊重和对他人权利的尊重。

每个公司、社会都有各自的文化，家庭也一样。如果任由争吵和争论充斥家庭，那么孩子就难以学习尊重社会秩序并遵循社交游戏规则。

如果家庭中的主要行为规则与社会的总体要求不一致，孩子就无法为将来在学校、职场及人际交往中遇到的问题做好准备。

家长可以要求孩子不能扰乱家庭秩序，家庭每个成员必须学习尊重其他人的权利，就像别人尊重他自己的权利一样，并承担自己应该承担的责任。

同时，家长也要尊重孩子，不要威胁、吼叫、体罚孩子。

（2）态度和善而坚定。

当家长既和善又坚定时，和善能抵消过于坚定所造成的问题（反叛、抗拒、对自尊的挫伤），而坚定能抵消过于和善所造成的问题（娇纵、操纵父母、被宠坏的小淘气鬼）。[1]

（3）要让孩子承担他的不当行为所带来的后果。

---

[1] 简·尼尔森:《正面管教》，北京联合出版公司 2016 年版。

后果可以分为自然后果和逻辑后果。

自然后果是指自然而然地发生的事情，其中没有大人的干预。比如，吃饭时没吃饱，就会饿；拖拖拉拉，会迟到。

允许孩子体验到他的不当行为所带来的自然后果，是维持秩序最重要的方法。[1]

家长不要一边批评，一边干预，让孩子避免自然后果。这样，孩子的问题会变成家长的问题，孩子学不到任何东西。

当家长说教、唠叨、斥责，说"我早就告诉过你了"，或者以其他任何行为把责难、羞辱或痛苦附加到孩子原本能够自然而然地获得的体验之上时，就是在借题发挥。借题发挥会阻碍孩子在体验自然后果过程中的自然学习，因为此时孩子会停止体验自然后果，而把心思集中到承受或者抵挡这些责难、羞辱和痛苦上。

因此，大人不能借题发挥，而应当对孩子正在经历的对自然后果的不适或痛苦表达同情和理解。

当孩子行为的结果在孩子看来不是什么问题时，自然后果就不会有效，比如，不洗澡、不刷牙、不收拾玩具、吃很多垃圾食品等。这时候，需要家长谨慎地使用逻辑后果。

逻辑后果与影响孩子未来幸福不幸福的品格相联系。家长要尽量确保自己采取的方法是逻辑后果而非惩罚。逻辑后果不同于惩罚的特征有：相关、尊重、合理、尽量预先告知。

比如，孩子玩好玩具后不收拾，家长可以这样对孩子说："玩具摊在地上可能会把人绊倒，在你玩好玩具后，麻烦你收拾好玩具，如果

---

[1] 鲁道夫·德雷克斯：《父母：挑战》，生活·读书·新知三联书店2017年版。

你玩好玩具后没有收拾，我会没收这些玩具。如果你想要回玩具，你就得设定目标，然后达成目标，才可以要回玩具。"

（4）关注于解决问题。

关注于解决问题强调的是帮助孩子学会解决问题，为将来培养自己的良好品格。关注于解决问题与关注于惩罚相比，着眼未来而非过去，会营造出一种非常不同的家庭氛围。

把错误看作是学习的机会，家长和孩子就不但是在练习解决问题的技能，而且是在相互尊重，并且会共享高质量的亲情时光。

2. 家长的言教要注意方式方法

（1）孩子需要赏识、鼓励，就像植物的成长需要水。尽量以赏识、鼓励为主，给孩子良好的自我形象和信心，激发孩子身上蕴藏的巨大潜力。

（2）尽量不要唠叨，更不要发火。

（3）尽量不要就结果进行批评，尤其是不理想或糟糕的结果。比如，对孩子考了不好的成绩进行严厉批评，除了让自己生气、给孩子添堵之外毫无作用。人可以控制的是过程而不是结果，我们对自己、对孩子都应该抱持"尽人事，听天命"的态度，努力学习、努力工作，至于结果如何，不要太强求。

（4）尽量不要就横向比较进行批评。不要拿别人家的孩子跟自己的孩子比较。尽量用孩子自己过去的表现来衡量他现在的进步。主要和自己比，次要参照别人，最重要的是成长。

（5）尽量不要因某事扩展到对孩子整体的负面评价，比如，骂孩子"你怎么这么笨"。即使一定要做鉴定性的评价，也必须做正面评价。我们一定要坚信他是个好孩子。让孩子感受到你的爱，比什么都重要。

（6）尽量避免打骂、惩罚孩子。如果孩子常常因惩罚而受到恐惧、痛苦、羞辱的折磨，他内在的、天赋的自我教育力量就会渐渐衰弱。惩罚，尤其是它的公正性受到怀疑的时候，人心会变得愤懑、粗野、凶狠、残忍。

三、智慧地爱子女

爱不等于无条件的物欲满足，也不等于避免让孩子面对失败。培养孩子良好的品格需要父母智慧的爱。

智慧的爱与成长、心智成熟相联系。M. 斯科特·派克的《少有人走的路——心智成熟的旅程》中对爱的阐述对我最具启发性：

> 爱，是为了促进自我和他人心智成熟，而具有的一种自我完善的意愿。

智慧的爱能够帮助他人进步，心智不断成熟，品格不断完善，也会使自己更加成熟。如果家长的行为阻碍了孩子心智的成熟，那就不是智慧的爱。

智慧地爱子女，就会真正地倾听，尊重对方的独立性。

智慧地爱子女，就会承认孩子是与自己不同的、完全独立的个体。基于这样的认识，我们就不会轻易地指责孩子，说："我是对的，你是错的；我比你更清楚怎么做更合理，知道什么对你更有好处。"

智慧地爱子女，家长就会经常处于两难境地——既要尊重孩子的独立性，又渴望给予孩子爱的指导。勤于自省，才能走出这种境地，可以采取谨慎、积极的态度指出孩子的错误，也要允许孩子指出自己的错误。

智慧地爱子女，既要慈爱又要严格要求子女，是一种眼光长远的爱。

仅仅有朴素的、良好的愿望和初衷，是远远不够的，想要让孩子幸福，仅仅给他物质、安逸、随心所欲，必定是帮倒忙，最终不但给不了孩子幸福，反而让孩子远离幸福。有时候孩子更需要冷酷的爱。老鹰如果没有把小鹰啄出温暖鸟巢的冷酷的爱，小鹰是学不会飞翔的。

人的精神赖以支撑，人的思想、情感赖以产生的根源，是责任感。责任感决定了孩子心智成长的速度和程度，决定了他与他人、社会的关系。为什么一些勤劳的父母会养出懒惰、无所事事、冷漠的孩子？很可能就是这些父母从小以孩子为中心，任由其愿望支配家庭生活，不让他面对责任和困难。

我们要有技巧地给予冷酷的爱，要求孩子承担不履行责任所带来的现实后果；激励孩子去奋斗，在工作中体会幸福；引导孩子设定目标，在实现目标中体会快乐；帮助孩子与人沟通，理解世界，构建和谐家庭，在和谐中感受幸福。

我们甚至要给孩子创造困难。孩子在遭遇困难中能萌发其能力——一种具有深刻道德性的能力，珍惜年长一代所给予他们的物质财富和精神财富。孩子遇到困难，并自己克服困难或者在父母的鼓励、指导下克服困难,这将给予孩子巨大的精神财富,孩子的心智也会因此变得更加成熟。相反地,家长不让孩子面对责任、困难,孩子长大后将无法独立——在身体上、生儿育女方面成熟了,而在精神上却并未成熟。

家长提问

孩子早恋了,该怎么办?

参考解答

恋爱是人成熟后因身体里"性的需求"和外部"性的刺激"产生的生理和心理反应。杜绝孩子恋爱肯定是错误的。

恋爱是很美好的,而且给人非常大的自我驱动力和灵感。家长可以引导孩子正确看待爱,认识真正的爱,体会爱,懂得正确地去爱。并且将恋爱的能量部分转移到学习上、自我成长上。

四、在具体情境中培养孩子的良好品格

良好品格这么多,具体怎么培养?

良好品格的培养无法一蹴而就,家长只需记住:

(1)孩子能自己做的,家长不要代劳。

今天的孩子不再像过去的孩子那样要为家庭生计付出努力,相反,孩子们被以爱的名义给予太多，而无须自己付出任何努力和投入，甚至认为这是理所应当的。家长常常剥夺孩子以负责任的方式做出贡献来获得归属感和价值感的机会，却又反过来埋怨孩子，嫌他们没有责任感。[1]

孩子从小到大，慢慢成长，能够自己做的事情将越来越多。在每一阶段，家长应该让孩子承担自己能做的事情。

让孩子自己做自己能做的事情。刚开始，孩子多半是不愿意的，这时候，家长要明确让孩子知道：第一，这些事情是孩子的责任，他有责任做好它。第二，让孩子自己做自己能做的事情，目的是让孩子长大了能成为更幸福的人。

家长要随着孩子的长大，慢慢退出，让孩子承担更多责任，同时得到更多自信、自由。

（2）培养良好品格，须在事上磨炼。

良好品格并非空中楼阁，而是孩子在承担自己的责任，在做事情当中慢慢培养出来的。

孩子良好的品格需要落脚到具体情境中、学习上、实践上去培养。

但是，我们的孩子很可能身处"过度"应试教育环境之中。当孩子身处"过度"应试教育之中，家长该怎么办？

一旦面临成绩和品格冲突等具体情境，家长的取舍就矛盾了，归根结底，还是家长没有真正想清楚品格和成绩哪个更重要。

家长一定要想清楚，学习是孩子的事情，帮助孩子在学习过程中锻炼良好品格，才是家长的事情。

---

[1] 亨利·克劳德、约翰·汤森德：《为孩子立界线》，海天出版社 2009 年版。

家长只要能够"预先看见"想要培养出什么样子的孩子，就会知道如何处理某些眼前的问题了。

（一）在应试教育中培养孩子的良好品格

任何一种工作，不论是文科、理科、工科、做生意……都不是纯粹靠兴趣可以做好的。兴趣归兴趣，在做的过程中，更多时候是要咬牙坚持、克服困难的。克服了一个困难，走入了另一个境界，就可以感受到比之前单纯简单的快乐更大的快乐，而更大的困难需要更多的知识、经验、顽强的不服输的精神来支撑孩子去克服。

生活没有捷径，吃不得苦，就得不到真正的快乐。

孩子同样接受应试教育，重视"成绩本身"或者一味抨击应试教育的家长，可能会导致孩子丧失学习动力，重视成绩背后的品格培养，相信自我可以抉择的家长，却能使孩子不但获得良好品格，而且获得批判性思维，获得好成绩。

应试教育下，成绩拔尖的必然是少数，成绩排名靠后的很多孩子的学习积极性多半会受到打击。在筛选式教育还没变成培养式教育时，家庭教育对"唯成绩导向"的纠偏尤其重要。一定要让孩子坚信自己是有用之才。

实际上，现在的大学入学率很高，职业教育入学难度就更低了。孩子只要培养了良好的品格，坚持学习，成才是必然的。即使此刻孩子与他人有着差距，只要他有着坚毅的品格，通过终身的学习，这差距最后必定会泯于无痕。

人生就好像是一场长跑，重要的不是一开始跑得有多快，而是能坚持多久。所以，不要着急于一时的得失，而要引导孩子看清一时得失背后的品格支撑。

另外，孩子也可能会被老师严厉批评，甚至会得到老师的不公正对待。我初中老师曾经这样说一位同学："我晓得你很坏，但没想到你这么坏。"二十几年后这位同学对这句评价仍然耿耿于怀。

重视老师评价的家长，他们的言行举止可能会导致孩子得出较低的自我评价和较差的自我形象，进而使孩子产生"父母是否真的爱我"的疑问，由此引发缺爱产生的各种问题；而重视品格培养的家长，却能使孩子相信自己是好孩子，另外还会启发他们去思考很多问题：老师这样说对吗？我哪方面有错？对人的评价和对行为的评价有何差异？等等。

家长提问

把孩子送到国际学校或者双语学校读书好吗？

参考解答

这几年双语学校逐渐增多，有些学校的卖点仅仅是英语学习环境和丰富的课外活动。如果该双语学校是传统教育模式加英语学习，那么本质上和读公办学校然后参加课外英语辅导没有太大的差别。单独的语言学习是不够的。

建议家长认真考察学校，考察的重点有：

（1）学校教育理念是不是"品格教育重于成绩"？

（2）学校通过怎样的教学组织、教学方法、教学评估，将孩子的品格、批判性思维、创新性思维等的培养落实到日常教学中？学校是否有足够的师资支持这些培养？

（3）学校通过怎样的活动激发孩子的自我驱动力？

（4）亲眼看看该校学生的精神面貌。

如果以上条件都符合，那么只要经济条件许可，就可以考虑。

国际学校的考虑因素类似，不同的是，国际学校通常只教外语。丢掉中文相当可惜了。

其实，以上这些也应该是对民办学校的择校标准。

（二）成绩背后的品格培养

太多的家庭，过于重视孩子的成绩，望子成龙，望女成凤，认为不能输在起跑线上，对待孩子的心态都扭曲了，各种拔苗助长的措施出笼了，生生将肥沃的土壤变成了盐碱地。于是，孩子尝到了辱骂和棍棒的滋味，尝够了在压力和恐惧中学习的苦头，原来亮晶晶的眼睛变得黯淡无光了。

进入知识和智慧的宫殿，获取人类文明的宝藏，是现代社会给予民众的福利。但是过于注重成绩，往往使学生把学习看成沉重的负担，难以体验到求知的快乐。

有些孩子，小学时读书很好，初中、高中阶段，成绩越来越差，究其原因有三：第一，小学成绩是家长或辅导班辅导出来的，学习能力没提高；第二，家长单纯关注成绩导致孩子逐渐丧失了学习兴趣；第三，智商差距。

分数对于孩子来说很重要，但是不能因为孩子分数低就认为孩子没出息。千万不要把分数当作是必然的标准，更不能当作唯一的标准，否则孩子会受到无数的伤害。

一生中最重要的问题，永远不会出现在标准化测验上，家长只重视成绩本身肯定是错误的；重视成绩揭示的背后的学习习惯和方法问题，则是正确的。

大多数情况下，品格和成绩其实并非非此即彼的二选一模式。在小学阶段，很多时候，成绩的优劣能直接反映出孩子的学习习惯和学习方法的好坏。

同样是重视成绩，重视"成绩本身"的家长就像拔苗助长的农夫一样，可能会导致孩子丧失学习兴趣，而重视"成绩背后的良好品格培养"的家长，就像给农田添加肥料的农夫一样，能使孩子不但获得良好品格，还能获得好成绩。过程导向（重视"成绩背后的良好品格培养"）的努力，比结果导向（重视"成绩本身"）的努力，会带来更多的收获。

事实上，大多数品格不是空灵缥缈的，而是要落实到实际学习、工作中去培养。

成绩的优劣，可以反映出孩子的学习态度、学习能力，以及所得到的成果。如果成绩一直不好，我们要分辨孩子究竟是不是不够努力。把它当成一种不易克服的困难，然后想办法去攻克，这就是培养孩子品格的训练。长期的刻意练习，既让孩子收获了好成绩，更培养了孩子坚毅的品格，还提高了他自我要求的意识与解决问题的能力。

家长要引导孩子，把考试看成是对自己学习情况的检验，既不惧怕，也不蔑视。引导孩子在追求高分的过程中，学习目标管理，强化坚毅等品格。

追求成绩可以带来品格。家长可以借助成绩上的要求帮助孩子塑造良好的品格，这将有助于他将来在任何领域获得成功。

（三）通过文艺教育及考级培养孩子的良好品格

现在的孩子从小就要"德艺双馨"，除了要学好文化课，还要去学各种才艺——钢琴、小提琴、舞蹈、口才、跆拳道等等，不一而足。

本来美育是让人灵魂高贵的教育，但是功利化后就走样了。很多父母特别想让孩子变成小天才，其实这是父母的虚荣心在作怪。

中国父母经常会犯两个毛病：第一，凡是自己不会的就想让孩子会；第二，希望孩子在某个领域获得成就。所以，很多家长就强迫孩子从小学这学那，而且不仅要学，还要拿到种种考级证书。甚至有家长不注重孩子学才艺的过程，只关心获得那张注明才艺的证书，给孩子升学加分。在这种极端的情形下，培养的不是孩子的美育，而是孩子的功利心。

但是，因为反感艺术考级而全盘否定它，则是因噎废食。

我自己就曾经犯过这样的错误。女儿学舞蹈多年，一直没有参加考级，我还曾一度得意于自己的所谓开明。但是细想之后醒悟过来，孩子参加考级，不仅仅是为了获得一张证书，更主要的是锻炼良好品格。其中关键在于家长的引导，引导孩子通过考级有意识地培养自己的品格。

同样是重视文艺教育及考级的表象，只重视孩子是否学会技艺的家长，极有可能会导致孩子丧失学习兴趣，而重视技艺学习背后的良好品格培养的家长，却能使孩子不但获得好品格，还能享受技艺。这些孩子有可能学到远远超过他们所学本身的品格——纪律、责任、牺牲、更正错误、倾听，以及时间管理，关键在于老师和家长要有意识地去引导。

李宁就说过："有意无意当中，体操培养了我的一些素质，包括怎么面对困难，怎么样去找到战胜困难的方法，怎么样去树立一个目标，怎么样坚定自己的意志去实现这个目标。"

文艺教育是非常好的品格培养手段，家长可以借此培养孩子的各种品格：

1. 把挑战摆在孩子的面前

真正的成功，往往发生在突破边界和障碍的时候。如果孩子一直没有机会战胜一些困难，他可能永远不会具备面对挑战的自信。体验冒险和障碍，是孩子学习的一个重要途径。

家长应该让孩子有机会去追求至少一件很难的事情，最好是一件有严格纪律和规则，需要长期练习的事情，比如学一样乐器。做得怎样并不重要，尽可能去努力才是重点。在这个过程中，孩子也许会很焦虑，但是一旦他克服障碍，他就会获得自信，学会如何循序渐进地去掌握一项技能。

2. 不要在感觉糟糕的时刻结束

许多人认为，才能是与生俱来的，我们擅长什么或不擅长什么，皆是天赋所致。这可能会导致孩子养成轻易放弃的习惯。其实，即便是天才，也需要通过不懈的努力去磨炼自己的天赋。

在遭遇挫折的那一刻就立即放弃，可能意味着你将错过收获最大的时刻。家长可以要求孩子每做一件事都要坚持到底，这样的锻炼将使他们认识到，在学习过程中需要克服一些不适感和障碍是很正常的。

3. 适时必需的推动

当孩子学习新技能时，家长要适时地推动孩子：制订时间表，然后鼓励孩子坚持，反复练习。

很少有哪一个孩子是能完全自觉学习的。每天规定一定的练习时间没什么错，虽然孩子可能会抱怨，但如果你坚持，他的抱怨会日渐减少，练习的乐趣反而会与日俱增。

4. 拥抱无聊和沮丧

成功很少发生于第一次尝试。事实上，这通常是一段相当漫长的旅程，并且布满艰难险阻。困惑、沮丧甚至觉得无聊透顶，这些都是旅程的一部分。如果孩子明白，在学习中遇到困难并不意味着他们很笨，他们会更有毅力坚持下去。

与其在孩子遇到困难时直接给他一个解决方案，还不如静观其变，看看他自己能否想出办法解决。家长要抑制住想要帮孩子的冲动，如果孩子一直处于迷茫状态，可以尝试启发他自己思考从而找到解决方案，而不是直接告诉他该怎么办。这样的锻炼会让孩子养成一种自信——我行，我能自己解决。

孩子在一件事情上取得成功所产生的自信及其带来的能量，是不可估量的，同时，这一项技能的学习经验以后可以迁移到其他技能的学习上。

（四）通过培优培养孩子的良好品格

上奥数等培优班，就一定和品格培养冲突吗？也不一定。

美国的基础教育分化很厉害，好的中学对高智商学生的培养方式值得我们借鉴：

> 在美国，一般不鼓励孩子年龄很小的时候就去申请大学，因为这样就错过了年轻人正常的发展阶段。
>
> 对于有潜力的学生，学校会给他们开很深的课程，而不会给他们"炒回锅饭"，浪费时间。像复变函数这样的课程，我们国内到大学高年级才学，美国一些高中生却在十一年级就已经学完了。这些学生以后到了大学会继续领跑。
>
> 除了可以学习的课程非常丰富外，有精力、有天赋的孩子还会花非常多的时间参加各种课外活动。[1]

同样的道理，如果孩子智商高、课内课程不够"吃"，那么去上超出课内课程的培优班，满足他求知的巨大胃口，就很需要。

同样是重视培优等课外辅导的表象，只重视成绩本身的家长，可能会导致孩子丧失学习兴趣，而重视培优学习背后的思维训练、品格培养的家长，却能使孩子不但获得好品格，还能收获好成绩。

---

[1] 吴军：《美国基础教育那么差，为什么能获得那么多诺贝尔奖？》，参见"得到"App，"吴军专栏"。

（五）在辛苦但不痛苦的学习中培养孩子的良好品格

苦大仇深的教育肯定有问题，但是单纯强调孩子快乐的所谓的快乐教育也走入了误区。

要培养一项专业技能，最靠谱的方法是进行长期的刻意练习。刻意练习要求一个人离开自己熟练和舒适的区域，不断地依据方法和反馈去练习和提高。

人在面临任务的时候，心理上有 3 个区域：舒适区——在能力范围内；学习区——稍微高出能力范围；恐慌区——远超现有能力范围。而刻意练习，就是想办法更多地让自己停留在学习区。在学习区里，人是不可能很舒服、很快乐的。而长时间停留在舒适区，得到快乐的同时，能力却基本上很难提高。所以，只单纯强调快乐的教育，实际上很可能让孩子变得平庸。

"在童年、少年时代幸福和欢乐来得越容易，成年以后真正的幸福就越少。这是教育的一个规律。"[1] 正确的快乐教育，应该强调的是孩子的自主选择，应该是辛苦但不痛苦的。

五、培养良好习惯

杜克大学 2006 年发布的研究报告表明，人每天有 40% 的行为并

---

[1] 苏霍姆林斯基：《睿智的父母之爱》，河北人民出版社 2001 年版。

不是真正由决定促成的，而是出于习惯。[1]

习惯，就是惯常行为。

大致上来说，在思想和行为分据两端的光谱上，品格偏向思想这端，更持久，更具一贯性，习惯偏向行为这端。比如，孩子有"感恩"的品格，那么经常由衷感谢他人的行为就是习惯。比如，孩子有"坚毅"的品格，那么"再坚持一下"的行为就是习惯。

品格和习惯经常无法截然分开，有时也可混用。比如，孩子有经常由衷感谢他人的习惯，那么不管有意识、无意识，我们都可以认为孩子"感恩"的品格。比如，孩子有"再坚持一下"的习惯，那么不管有意识、无意识，我们都可以认为孩子初步拥有"坚毅"的品格。

我们可以通过思想，有意识地理解良好品格，然后通过改变我们的态度、决策，进而改变我们的行为或习惯，改变我们的命运。

但品格经常是无意识的，通过重复行为，培养良好习惯，也能塑造良好品格。

人总有习惯，不是好习惯，就是坏习惯。如果家长发现自己或孩子的某一项习惯不够好，那只能用新的好习惯来替代原先的不够好的习惯——只有一种习惯才能代替另一种习惯。

美国国父富兰克林在《富兰克林自传》里描述的关于良好习惯（他称之为美德）培养的方法，值得我们学习。

> 富兰克林并非天生能干，也不是靠什么特殊的机缘，他
> 只是有一套做好日常事情的办法。做好这些事情，就形成了

---

[1] 查尔斯·都希格：《习惯的力量》，中信出版社 2013 年版。

好的习惯，有了好的习惯，就培养了好的品格。

富兰克林经过总结，认为对于他个人来说，完善的品格应该包括以下13项原则：节制、寡言、秩序、果断、节俭、勤奋、诚恳、公正、适度、清洁、镇静、贞洁、谦逊。富兰克林给每一项原则定义了一个简单、清晰的外延，以便于自我检查。

他为自己准备了一个本子，每一页打上许多格子，用来标记原则执行情况。他一段时间只专注于锻炼一项原则，比如头一个星期只专注于"节制"，每天检查自己为人处世是否节制，并在本子上做上记号。一个星期后，由于天天盯住自己是否节制，并坚持每天监督，他惊喜地发现，"节制"慢慢在他身上生根了。

尝到了甜头，第二个星期他每天盯住第二项——"寡言"，并对第一项"节制"复习巩固；第三个星期盯住第三项——"秩序"，再对第一项、第二项复习巩固。13个星期后，他发现自己的举手投足、为人处世、待人接物发生了很大的变化。

富兰克林怕这13个星期还不足以使那13项原则完全变成自己的，在一年内他又进行了3次13个星期的轮回锻炼。一年以后，富兰克林完全变了，这种变化已融入了他的血液，渗入了他的灵魂。

家长如果发现自己有意无意地养成了一些坏习惯，不妨按照富兰克林的做法去实施良好习惯培养计划。如果孩子有意无意地养成了一些坏习惯，家长也可以鼓励孩子按照富兰克林的做法去做。

第四篇

激发自我驱动力
——智能时代家庭教育的关键

第八章
家长有学识助孩子看到更大的世界

所谓的家学渊博，就是家长有学识。家长有学识，孩子就能看到那个更大的世界。

能看到更大的世界的孩子，很难不对世界产生好奇心和兴趣，很难没有自我驱动力。

一、做个有学识的家长

学识是学养与见识，是智慧的基础。

学识影响我们的世界观、人生观、价值观，从而影响我们的人生抉择，进而影响我们的命运。

学识的基础是知识，但光有某一领域的知识还算不上有学识，比如很多博士、学者，他们在自己的领域掌握着艰深的知识，但我们一般不会因此说他有学识。一些博士、学者用错误的方法教孩子，或者沿用上一代的方法教孩子，说明他们没有家庭教育方面的学识。

学识往往和博雅教育相联系。

博雅教育又译为通识教育、通才教育、文科教育、人文教育、素质教育,原是指一个自由的古代西方城市公民所应该学习的基本学科。

在现代社会中,博雅教育被认为是一种基于社会中的人的通才素质教育,它不同于专业教育。

博雅教育所涉及的范畴随着社会的变迁而变迁,到了近代,人文和科学都成了博雅教育的重要组成部分。

人的充分发展要求既要接受专业教育,又要接受博雅教育。处在中产阶级以下的人要想往上攀升,第一步倒还不是要接受博雅教育,而是接受专业教育,以解决最急需的谋生压力。但是,只接受专业教育,有成为"工具人"的危险。很多"工具人"具备良好的专业技能,但是不具备与生活相关的各种知识,导致过不好这一生。

专业教育求精,而博雅教育则是求广,并且要特别注意自己性格和知识方面的短板。这种学习,并不是为了成为一个专业人才去参与分工,而是为了学习如何面对复杂的世界。

有一种说法,认为本科学什么专业根本不重要,通过博雅教育掌握思维方法才是真正重要的。《华尔街日报》有个统计,说美国有93%的公司认为,有3个来自博雅教育的技能,比任何本科专业都重要。这3个技能是批判性思维、交流能力、解决问题的能力。

智能时代,社会变化的速度越来越快,专业变迁加剧,学了一技之长吃一辈子的事不大可能再发生了。博雅教育可以帮助我们应对这个变化加速的时代。

博雅教育让我们能接触了解各种不同学科领域,一旦我们对一些东西产生好奇心和兴趣,一辈子中的不同时段总会有让我们感兴趣、让我们激动的追求和话题，人生就不会过得枯燥。我们的兴趣会充实生命中每个阶段的生活，最大化自己的幸福感。

接受博雅教育理念的人，多半有意识或者无意识地对人类知识有自己的分类体系。博雅教育并非意味着我们要深入学习各门各科的知识，很多时候我们知道有这个知识，知道它说了什么，解决了什么问题，大致知道它的所属，就可以了。

知识分类有助于达成"学识上的谦逊"——我知道自己知道什么、不知道什么，我知道做出合理评估是不是还需要更多信息，我知道判断正确的概率大概有多大，我知道未来有不确定性。这是智慧的基础。

那么，人类所有知识如何分类呢？

我个人这样分：在以人为中心，辨别人与自我、思维、外物（社会、自然）、未来的关系的基础上，根据知识本身逻辑和文明重建顺序，借鉴中国图书馆分类法，美国国会图书馆分类法，中国教育部《学位授予和人才培养学科目录》一级学科和二级学科，进行分类。

在英美的学术传统中，所有学科分为三类：自然科学、社会科学和人文学科。[1]

自然科学属于严格意义上的科学，它是具有高度逻辑严密性的实证知识体系，既有严密的逻辑性，能自圆其说，又能接受观察和实验的检验。

科学是现代社会发展最重要的驱动力，它改变了世界。但是，科学虽然能赋予我们强大的力量，却不能告诉我们该如何驾驭这种力量，

---

[1] 托马斯·曼：《怎样利用图书馆做研究（第三版）》，苗华建译，上海教育出版社2014年版，第2页。

因为科学不能回答关于价值的问题，例如"什么是好的"，或"什么是重要的"，所以，仅仅依靠科学是很危险的。人类发明新技术，有时却并未因此而获得更好的生活，反而沦为技术的奴隶，这样的情况在历史中反复上演。

人文知识则不能被看成是科学，因此称为人文学科。它指的是以人类的精神世界及其积淀的精神文化（人类的信仰、情感、道德和美感）等为对象的学科，通常包括文学、语言、艺术、历史等等，都包含很浓厚的主观性的成分。人文学科并不追求能被普遍认同的发展规律，而是针对各种文化现象探索人性的深度和广度，描述各种具体的人性及其文化表现，所以它的一个显著特点就是目标的求异性和成果的多样性。

在求善的宗教、人生哲学、励志等领域，并无绝对真理，也无法验证，但在"怎么办"的问题上，它们给了我们很多启发。我们可以抱持只求有用的态度，以不损人乃至良知和心的安宁、幸福为依归。比如，本书中求善的部分，错误或不同意见就在所难免，恳请读者抱持此种心态，有一得也是收获。

在心灵、意识领域，境界的提升主要依靠自己去体会、感悟，人生之路、心智成熟之路都只能自己走，任何人都无法代劳。

社会科学通常指研究社会现象及其规律的科学，它是一个以社会客体为对象，包括经济学、政治学、法学、社会学、教育学等学科的庞大知识体系。

社会科学有一定的科学性，其科学性介于自然科学和人文学科之间，在追求科学性的同时，仍需要通过语言、行为、文字、实物等来进行研究，从而探讨与人类生存、发展、幸福有关的价值与意义，探索包括生活的意义、价值、理想、信念、精神境界等在内的生命与人文意义，丰富人类的精神世界。

社会科学的研究成果，包含了人类发展与社会发展的无数细节和偶然因素，是对历史的总结和概括。历史方法重在描述，依照对象发展的自然进程揭示其规律；逻辑方法重在思维，用概念、范畴、理论等形式概括反映对象发展的规律。

社会科学和自然科学存在的巨大的分野在于，社会科学研究的对象包含了人，所以存在美国投机家索罗斯所说的"反身性"：我们试图去认识世界，但是我们自身又是这个世界的组成部分，诚然，妨碍我们了解世界的因素并不止于此，但当你去理解人间诸般言行事物时，我们是世界的组成部分这一事实，便成为一道不可逾越的障碍。所以，社会科学领域没有绝对真理，其结论适用范围很窄。这就是大家在报纸杂志上看到很多所谓的专家研究结论不靠谱的原因之一。

严谨的社会科学理论尽量将自己处理的问题放在"是什么"和"为什么"（科学解释）上，而不是"应该怎样"。

本书虽然也讨论"是什么"和"为什么"，但也讨论"应该怎样"（价值判断）、"怎么办"（操作建议），所以，本书不是严肃的社会科学作品。

涉及价值判断时，往往会引发颇多争议，但是人们还是需要这类知识的，只是在读的时候务必分清楚讨论的是"是什么""为什么""应该怎样"还是"怎么办"，并对论证过程严加审查。事实上，人们在读所有的社会科学书籍时都应该抱此态度。

我个人在自然科学、社会科学和人文学科基础上，增加一个综合学科。综合学科覆盖了自然科学、社会科学和人文学科，包括很难归类到其他科学领域的内容，比如物质和精神这种跨大类的知识。

大类下面是学科——在大学里教授和研究的知识分科。学科是被学术杂志、学会和系所所定义及承认的。

有些学科的分类也是很有争议的，比如，人类学和语言学究竟属于社会科学抑或是人文学科，以及计算机技术是属于工程学科抑或是形式科学。

研究领域通常有子领域或分科，这些分界是随便且模糊的。

下面的分类既不全面也不完整，仅仅作为大致区分所学知识的所属领域提供一个思考框架的例子。

（1）人与自我[1]

人文学科——哲学、宗教

综合学科——心理学——积极心理学

（2）心智、思维

综合学科——思维科学、学习科学

（3）人与社会[2]

A. 人文学科

哲学、宗教、文学、历史学、艺术学

B. 社会科学

社会科学总论：社会科学研究方法

经济学、政治学、管理学、社会学、法学、军事学、教育学、

---

[1] 如果失去了自我，那世界将不再有意义。

[2] 自我成长过程中，首先接触到的是父母、家庭，然后是社会、国家，这其中交织的都是人与人之间的关系。

伦理学

(4) 自然

A. 基础研究[1]

a. 形式科学[2]

数学、逻辑学、系统科学

b. 自然科学

自然科学总论：科学技术哲学、自然科学研究方法、情报学

物理学、化学、地球科学、生命科学、天文学

B. 应用研究[3]

农学、工学、医学、建筑、交通运输、航空航天、环境科学

(5) 未来

综合学科——未来学

(6) 综合性图书

百科全书、类书；辞典；图书目录、文摘、索引

不知道读者看了以上学科分类有何感想？要知道，每一个学科分类，如果学精，都足够我们学一辈子的了。"吾生也有涯，而知也无涯。

---

[1] 科学回答的是"为什么""是什么"的问题。

[2] 形式科学不是与基于真实世界观察理论有效性相联系的，而是与以定义和规律为基础的形式系统性质相联系的。形式科学的方法被用来建造和检验观察真实世界的科学模型。

[3] 技术回答的是"怎么办"的问题。

以有涯随无涯，殆已！"人的生命是有限的，而知识是无穷的，以有限的生命去追求无穷的知识，就会搞得筋疲力尽。

那不学了吗？当然不是，我的对策有5条：

第一，要学精专业知识。

这是专业教育的领域。按照"个人兴趣"和"以解决问题为中心"的原则，学精自己的专业领域。

苏格兰作家柯南道尔在《福尔摩斯探案全集》中，曾对福尔摩斯的知识面做过一段描述：

> 文学知识缺乏。
>
> 哲学知识很少。
>
> 天文学知识没有。
>
> 政治学知识浅薄。
>
> 植物学知识不全面。
>
> 地质学知识偏于实用而且有限。
>
> 化学知识精深。
>
> 解剖学知识精确，但不系统。
>
> 惊险文学广博。
>
> 琴拉得非常好。
>
> 善使棍棒，也精于刀剑拳术。
>
> 英国法律方面的知识全面且实用。

如果按照某些人的观点来看，福尔摩斯的知识面既不系统也不全面，最好是按照学科体系进行系统全面的学习。按照这样的观点培养人才，福尔摩斯再多学 10 年，也只能变成《丁丁历险记》里笨手笨脚的侦探搭档杜邦、杜庞。（当然，针对多个科目计算总分的考试，补短是正确的复习策略。）

不同天赋的人应该去做适合自己同时符合社会利益的事。

所以，在专业上，应该按照"个人兴趣"和"以解决问题为中心"的原则构筑自己的知识体系，培养技能，付诸行动，以创造价值，满足社会需要，实现自我，乃至超越自我。什么都要学，刻意求全，效果很差。

第二，要不断学习博雅教育里可终身使用的技能。

我们一辈子要思考、决策、交流、解决问题，磨刀不误砍柴工，打磨好自己这些方面的技能，对我们的一生帮助极大。

但是，学校里通常是不教这些技能的，而且这些技能是开放式的，没有统一的答案，也没有成熟的知识体系。我想我们可以运用知识管理的方法，给这些技能建立文件夹，不断用学到的知识、子技能充实它。比如，我们可以将心理学、认知科学、逻辑学、批判性思维、发散性思维等列入思考技能这一主题之下。经过长时间的积累，我们将能够从多个方面、多个角度理解这些技能，越来越精通它们。

第三，要学广但不需要精通博雅教育里的一些使用频率不高的知识，比如历史、文学等。

第四，要编织知识框架。

世界上有两种知识，一种是你知道的，一种是你知道在哪里可以找到的。对于大部分不常用的知识，知道有这个知识，大致知道它的所属，知道从哪里能够查到，就可以了。

第五，要重视思考、想象、创造。

在小学、中学、大学阶段，思考都比知识学习更重要。我们现在的基础教育，多为知识的传授，学生的知识日增，但离智慧日远。或可勉强称其"知育"，实在是不配自称"智育"的。

人类再有知识，也比不过人工智能有知识。智能时代，光有知识，而无思考能力，是多半要被淘汰的。家长应该领先于学校教育，引导孩子培养自己的思维能力、想象力、创造力和好奇心等，这些才是未来生存的必需条件。

二、借由家长的学识让孩子看到更大的世界

让孩子看到更大的世界并非只是看国外这么简单，如果这么简单，那么只要有钱就能看尽国外了。

"更大的世界"，一是"时间的长度"，看得更远。

我们看一件事情的时候，是只看它短期的成败、得失和荣辱，还是能放在一个更大的时间尺度之下，去思考它的价值和意义？设想等到 10 年以后，你再来看自己今天所做的这件事情，它在你的人生中起到了什么样的作用，有什么样的意义。

有些人眼光长远，能着眼长远利益；而有些人则目光短浅，只盯着眼前利益。

在智能时代，对于个人来说，损人，短期来看可能利己，长远来看必定不利己；不损人，短期来看可能不利己，从长远看是有利于自己的。

很多人显得非常自私，实际上是因为目光短浅、极其短视，他们

总是忙着自害和胡害，却不知时代已变。智能时代，双赢才是王道。

真正眼光长远的人，相比短期利益，更重视长期利益；相比自己的肉体欲望，更重视自己的灵性良知；相比本我，更重视超我；相比小我，更重视大我；相比现在的自己，更重视未来的自己。通常他的行为就不会损人。

眼光长远的人，往往能对现在的自己和未来的自己有更加深刻的认识，闻过则喜，情绪更加稳定。

眼光长远的人，往往能看到经过长期积累后的未来更好的自己，于是对需要长期努力的事情更有耐心，知道现在的积累、成长，决定了自己的未来。

眼光长远的人，往往能更好地协调享受和奋斗之间的关系，知道只有奋斗，才能有进步，同时享受过程，才能有力量走得更远。

眼光长远的人，往往知道短期没用的知识，很可能远期有用，于是不急功近利去学习。

眼光长远的人，往往能够耐心地去做"不紧急但重要"的事情，于是未来越来越从容，紧急的事情越来越少。

眼光长远的人，往往能突破自身的利益桎梏，对某个甚至多个知识领域有深入、系统的钻研，并常常能提出极具创造性的观点。

眼光长远的人，往往能更准确地看到国家、社会、行业发展的大趋势，提前做好准备。

眼光长远的人，才能超越当下的自己，才可能越来越智慧。

看得远，还要用发展的眼光看人。一些人起点不高，但学习速度很快，迭代时间短，进化非常快。

看得远，还要用发展的眼光看事情。

我们经常要权衡利弊。利弊这个东西在静态结构中比较容易权衡，而如果你身逢变动剧烈的智能时代，那静态利弊的权衡就不重要了，关键是你有没有智慧可以抓到新的利，有没有勇气去承担新的弊，这才是胜者和败者真正的分水岭。

智能时代，会有更多新手借助于风险资本和智能技术的力量赢得先机，虽是没有章法的乱拳却又能打死老师傅。

在剧变的智能时代里要学会战胜人性中对未知的本能恐惧，用动态发展的眼光来衡量前进中的利弊得失，不能成为现实利益的俘虏。

"更大的世界"，二是"世界的广度"，看得更宽。

也许我们会为自己的一点点成绩而沾沾自喜，比如在一次辩论中驳得对方哑口无言，或者在一次考试中拔得头筹，或者被某位师长夸赞为天资聪颖、前途无量。当然，这些是好事。但是，如果仅仅因此就自满，觉得自己很厉害，那格局就太小了。你只是生活在一个狭小的世界里，并臆想自己是这个小王国的君主、全宇宙的中心。只有将自己置身历史与世界的坐标上去纵横比较，方能更透彻地明白自身的渺小，不拘泥于一己之利的狭小格局之中。

对"时间的长度"和"世界的广度"的发现和思考，可以指引我们体验"价值观的高度"，拥有一个更宽广和开放的心智，培养更大的格局。

不借由家长学识的引导，单凭孩子自己的力量，单凭落后于智能时代的学校教育，很难在短时间内看到这个更大的世界。

人和人之间的先天本能区别并不大，七情六欲都差不多，但是在后天的成长过程中所不断升级的学识，才是人和人一生轨迹和成就产生巨大差别的根本原因。

大人看小孩是什么感觉？国家领导人看普通市民是什么感觉？ 10年后的你看今天的你是什么感觉？

那种感觉就是学识的差距感。

学识决定了你的时间分配；

学识决定了你的资产分配；

学识决定了你和什么人来往；

学识决定了你面对选择时的取舍；

学识决定了你面对风险如何抉择；

学识决定了你关注什么，不关注什么……

所以，勤奋努力的第一任务，不是埋头苦干，不断满足自己的七情六欲，而是提高自己的学识。

家长提问

孩子老是看课外书，怎么办？

参考解答

家长不但不要反对孩子看课外书，而且还要鼓励、引导孩子看课外书。从不读课外书或很少读课外书的孩子，学习一定不会出色。

智能时代，相比书籍，很多孩子更喜欢看手机、电脑，但是，经典书籍的智慧浓度要远远高于手机、电脑里的文章，更有利于孩子培养深度思考的能力。书籍是人类智慧凝聚的精华，是我们通往自由王国的最靠谱的捷径。如果你希望孩子走得更远些，读书绝对是个讨巧的方法。

苏霍姆林斯基说："30年的经验使我深信，学生的智力发展取决于良好的阅读能力。""缺乏阅读能力，将会阻碍和抑制脑的及其细微的连接性纤维的可塑性，使它们不能顺利地保证神经元之间的联系。谁不善阅读，他就不善于思考。"

"为什么有些学生在童年时期聪明伶俐、理解力强、勤奋好问，而到了少年时期，却变得智力下降，对知识的态度冷淡，头脑不灵活了呢？就是因为他们不会阅读！"相比之下，"有些学生在家庭作业上下的功夫并不大，但他们的学业成绩却不差。这种现象的原因，并不完全在于这些学生有过人的才能。这常常是因为他们有较好的阅读能力。而好的阅读能力又反过来促进智力才能的发展。"

"凡是那些除了教科书什么也不阅读的学生，他们在课堂上掌握的知识就非常肤浅，并且把全部负担都转移到家庭作业上去。由于家庭作业负担过重，他们就没有时间阅读科学书刊，这样就形成一种恶性循环。"[1]

家长刚开始可以让孩子读通俗小说。通俗小说比较吸引人。当孩子读过流行的小说后，文字的敏感性就培养出来了。

让孩子喜欢上阅读以后，家长要注意在孩子阅读兴趣的基础上指导孩子阅读。

随着阅读能力的提升，孩子阅读通俗小说将不再有难度。于是阅读通俗小说就变成了消遣性的阅读，孩子从中取得的收获会越来越少。这时候，家长可以鼓励孩子挑战更高难度的智力含量较高的经典小说。比如，我国的四大名著，以及《基督山伯爵》《飘》《傲慢与偏见》

---

[1] 苏霍姆林斯基：《给教师的建议》，杜殿坤编译，教育科学出版社1984年第2版。

《简·爱》《1984》等书。

一个人的亲身经历是非常有限的，阅读经典小说能扩展我们对他人生活的了解，迫使我们从不同的角度感知世界，学会从不同人的角度看问题——换句话说，就是通过小说里的人物过好几辈子，经历我们自己不可能经历的事情，快速积累经验。没有这些经验，论说性的作品是看不进去的。价值观、人生态度、人生智慧、境界、待人接物、政治学、管理学等等，都需要随着我们生命的经验积累，看到的事情多了，才能感悟出来。另外，我们能设身处地地从别人的角度考虑问题了，认知能力当然也提高了。

经典小说中，会大量涉及文史哲领域的概念，诸如中国历史、西方历史典故。这些历史典故在书中频繁出现，最终会形成孩子的阅读敏感点。这时，家长可以鼓励孩子阅读文史哲领域的书、论说性作品，如《罗马人的故事》《理想国》《利维坦》《论法的精神》《社会契约论》等。

不同年龄段，阅读的题材应有不同的偏重。朱光潜说，十五六岁以前的教育宜重想象，十五六岁以后的教育宜重理解。阅读论说性作品能快速了解别人的观点和智慧，加上你的生命经验做基础，博采众长，经过自己的思考、体会、感悟、评判，才能变得更加智慧。各学科的书都要读。读书和吃饭一样，不能偏食，要均衡，精神的脾胃才能健康。

慢慢地，读书使我们形成了自己的思想体系，得了"道"。人读书越多，越不会被外在的环境所困扰。我们的思考不但有一定的深度、长度，还有足够的广度，有俯瞰问题的全景视角，才更有可能解脱自我或外部环境加于我们的束缚与羁绊，获得心灵的、精神的与现实物质的多重自由。

家长提问

如何填报高考志愿？

参考解答

已经工作的人，不能不考虑时代的发展趋势和影响，规划自己的学习和职业生涯。

正在考大学的孩子在填报高考志愿时，更不能不考虑时代的发展趋势和影响。

笔者在高校从事招生工作多年，这里对高考志愿填报提几点原则，仅供对专业没有坚定爱好的学生参考：

第一，综合考虑大学名气、大学实际水平、大学所在城市、专业等因素。

尽量选择综合性大学。本科教育最重要的是通才教育，研究生教育才是专才教育。综合性大学不仅能让学生们学到自己本专业的那几门课，而且能够给学生提供更多跨学科的综合资源。

优先选择中国经济发达地区的省会和中心城市的大学。北上广深是第一阵营，杭州、南京、武汉、成都等则是第二阵营。经济体量越大的城市，信息越发达，企业越集中，机会也越多，与智能时代靠得越近。

如果分数不够，相比一个相对差的学校的热门专业，还不如选择一个好一点的大学不那么热门的相对宽口径的专业。

第二，选择专业时综合考虑个人爱好、时代趋势、专业特点、家庭状况等因素。

（1）人工智能是目前比较明显而且长期的趋势。优先选择与创造新需求、创造价值相关的专业，比如计算机相关专业、设计性相关专业等；优先选择在可见的未来还不能被人工智能取代的专业，比如人文艺术类。

（2）家庭经济状况一般的人要完成到中产阶级的进阶，需要优先考虑掌握技能。而中产阶级到精英阶层的进阶，则需要更多博雅教育。不同阶层，考虑问题的出发点应该略有不同，因此，专业选择也应有所不同。

如果考分够高，能进入一流大学，读什么专业倒并非那么要紧。一流公司在招聘时，相比专业而言，更加重视学生毕业于什么高校。

按照家庭所处阶层高低和考分高低，可将考生分成四类，专业选择策略也有所不同：

	中产阶级及以上家庭	中产阶级以下家庭
考分高	强烈建议选择宽口径基础型专业	可优先选择宽口径基础型专业
考分低	可优先选择宽口径基础型专业	优先选择有助于掌握一技之长的窄口径应用型专业

对于"中产阶级及以上家庭并且考分高"的学生，强烈建议选择宽口径基础型专业。

宽口径专业、基础型的专业，离博雅教育近一些，离专业教育远一些。

比如，经济学相对金融学口径更宽、适应性更广、更有学科基础，金融学相对会计口径更宽、适应性更广、更有学科基础。中产阶级及以上家庭并且考分高的学生能考入很好的大学，在大学里应该追求思维的拓展、视野的扩展、能力的提升，而非立马就有用的知识。追求马上就可以用的知识是职业教育的事情。

专业是根据社会需求设置的，更易变，而学科是根据人类知识发展和分类的逻辑设置的，更稳定。比如，经济学专业就是有经济学学科背景的。在宝贵的大学四年里，中产阶级及以上家庭并且考分高的学生要尽量学习更本质的东西，并且着重在这个过程中提高思考能力。把时间浪费在零碎知识、不那么确切的知识，甚至是信息上，实在是太可惜了。另外，缺乏坚实学科背景的专业，对于有自学能力的人来说难度相对比较低，即使以后用到了，自学几个月也就会了。

"中产阶级及以上家庭并且考分高"的学生，甚至可以选择基础学科的专业，但是要注意一些基础专业，比如数学、物理学等需要高智商。这类专业不是不能选，但是除非自己在这方面非常有特长，否则选这些专业时就必须明白，学它们只是打基础，将来绝大部分是要转行的。

"中产阶级及以上家庭并且考分低"的学生，不急于在毕业后立刻找工作谋生的，依然优先选择宽口径基础型专业，因为大学之后如果想要继续深造，从宽口径基础型本科专业转攻窄口径应用型专业的硕（博）士学位相对容易，反过来就很难。

"中产阶级以下家庭并且考分高"的学生，依然优先选择宽口径、更基础的专业，因为只要是名校毕业，找个工作是不需要过于担心的，宽口径基础型专业有助于你走得更远。

"中产阶级及以下家庭并且考分低"的学生，优先选择有助于掌握一技之长的窄口径应用型专业。因为考分低，只能考一般的高校，而非名校的窄口径应用型专业相比宽口径基础型专业，更有助于学生找工作。公司聘用这类学生，看重的是其一技之长。学生只有通过基层工作，赢得大家的信任，对行业有所了解，才能有进一步发展。

（3）尽可能不要选择需要实践作为学习基础的社会科学大类里面的专业，比如所有管理类专业。并非管理学知识不重要。管理学知识很重要，而且应该是博雅教育课程和管理人员提升的任前课程，但是，没有实践经验、业务基础的管理学知识，犹如空中楼阁一样没有根基。设置本科层次的管理类专业不太合理，但是研究生阶段管理类专业还是很有其必要性的。

家长提问

如果孩子上了不如意的大学，怎么办？

参考解答

原腾讯副总裁吴军对一流大学和二流大学做了很好的比较，我个人对此极为赞同，引用如下 [1]：

首先，从优秀人才的产出来看，虽然一流大学出的名人比例总体上比二流大学高，但是差别不是很大。无论是在教育界还是在工业界，最杰出的那一群人所上的大学千差万别，并非都来自名校。

---

[1] 吴军：《如何在二流大学接受一流教育？》，"得到"App，"吴军专栏"。

但是另一方面，名校的录取却比第二档的大学要难很多。通常在美国排名前 20 的顶级私立名校被认为是水平最高的。州立大学，哪怕再好也排在这些顶级名校之后。在美国能够被加州大学伯克利分校录取的前 1% 的学生（伯克利董事会奖学金的获得者，每年大约 100 名），有一半会被哈佛大学拒绝，前 10% 被录取的人，可能只有 20% 能达到哈佛的录取标准。

但是反过来，被哈佛录取的学生几乎 100% 都会被伯克利录取，这说明两所大学的学生在入学时的水平还是有明显差距的。但是毕业以后，从伯克利毕业的学生中，表现前 1% 的人不仅不比哈佛的平均水平差，甚至和哈佛最顶尖的学生相比，也毫不逊色。

我在 Google 时的老板诺威格博士毕业于伯克利，他给了一个颇为合理的解释：在伯克利这样一所有 2 万多本科生的大学里，要想做到前 1% 是很不容易的，尤其是在教育资源有限的时候，这个难度比在哈佛做到前 10% 大得多。既然他在大学四年里做到了这一点，那么说明他有过人之处。类似地，清华最后 10% 的学生的高考分数都会比北京理工大学或者北京邮电大学前 10% 的人高，但是走出校门后，后两所大学最好学生的表现一定比清华学生的平均水平要好。

另外，一流大学的教授讲课也未必比二流大学好，或者说他们之间的差距不在上课水平上。这一点，和重点高中与非重点高中的差别不同。一流大学不过是在某种量化排名下综合水平显得比较高，未必能够做到每个专业都好。

在美国，无论是哈佛、耶鲁还是普林斯顿，计算机教学水平要远比一些优秀的州立大学差，比如伯克利、密歇根大学和西雅图的华盛顿大学。就算是一流大学里最好的专业，教课也未必教得就比州立大学好。

斯坦福是世界上最顶尖的大学，而且从进步的速度上看远远高于任何一所常青藤大学，包括哈佛。但是，很多大教授讲课并不认真，用斯坦福著名教授、DSL（数字用户线路）之父查菲（John Cioffi）院士的话讲，斯坦福的教学水平可能还比不上伯克利呢！从师资来看，斯坦福可能比伯克利平均水平好一点点，但是差距非常有限。斯坦福很多教授的心思不在教学上，而在办公司上，甚至搞投资上，而伯克利的教学要认真得多。

中国的情况也类似。

但是，为什么一流大学成才率总体上较高呢？或者说，一流大学在教育上相比二流大学，到底牛在哪里呢？

在美国有一种比较普遍的观点，就是一流大学的生源和环境是造就学生们成才的最重要的原因，而并非课程教授上有太大差别。

一个成熟的人，他的标准来自他的内心，而大多数人，却为环境所左右。一个年轻人，进入一所不那么优秀的高校，对自己的标准会不由自主地降低以适应这个环境，减少自身与环境的冲突。

考入二流大学的学生，因为高考本身带来的挫败感，二流高校学生的身份设定及环境暗示，老师的低要求，以及同学间放任自流气氛的带动，很容易在一个低标准下度过每一天。

基于这些事实，我们可以帮助孩子制订在二流大学接受一流教育的战略：

第一，构造一个好的小圈子。

一流大学的学生水平比较整齐，而二流大学的就良莠不齐了，很多学生未必很会交友，有什么圈子就接受什么圈子。在一个平均水平高的圈子里，自己的水平也就高了。在一个水平参差不齐的圈子里，受到的影响是好是坏就难说了。因此，一个二流大学的在校学生选择圈子很重要，不要总是选那些在一起吃喝玩乐又胸无大志的所谓志同道合者，而要在平均水平中等的大圈子里营造出一个精英小圈子。

虽然说一流大学里，学生的素质普遍高一点，但是在任何一所大学里，总有相对积极、优秀的人。物以类聚，人以群分，只要自己有心向上，自然能找到一批这样志趣相投的人，也自然能加入他们的行列。在二流大学，孩子一定要刻意造就这样的小圈子，能处在这样的小圈子中，就成功了一半。经常有报道说，某不知名大学一个寝室的同学全考上了名校研究生，这就是小圈子的影响。

第二，主动学习。

明确自己未来的生活目标，主动根据这个目标去尽可能广泛地学习，而不是被动接受学校安排的规划。

如果觉得专业任课教师水平不高，可以寻找慕课、公开课等，去上世界上最好教师的课。只要个人兴趣与社会需求结合，在特定领域里进行长期刻意练习，孩子一定能获得精深的专业知识。在智能时代，能限制住你获取知识的只有你自己。

孩子还应该有意识地接受技能教育，提高自己毕业后的生存能力。技能教育甚至是一流高校所欠缺的。

　　孩子还应该有意识地接受博雅教育，为了以后更好地生活而学习。很多人想以后找一个好妻子或者好丈夫，但是他们不知道从何做起，更不要说懂得女生或者男生的心思。很多人试图表达好感，却适得其反，他们很郁闷，而别人也很尴尬。表达友善、沟通的能力非常重要，很难想象缺乏这两种能力的人能够事业有成、家庭幸福。这些博雅教育，即使是一流高校，也未必有多么强。接受博雅教育主要取决于自己的选择，事实上，最主要的限制是自己的时间——时间有限。

　　孩子还应该有意识地去做一些事情，锻炼自己的良好品格。很多人说将来要创业当老板，但是在大学里从来没有锻炼过领导能力，也没有养成付诸行动的习惯。一些人要当科学家，在大学里虽然学了很多课程，却没有得到很好的科学研究训练，更欠缺的是，他们没有得到过"发现问题"的训练。在科学研究上，发现问题和解决问题同样重要，甚至发现问题更重要。大学是做事情、犯错误成本最低的地方，你要抓紧时间多做事情，多犯错误，多总结吸取教训。一旦进入社会，犯错误的成本就很高了。在这方面，一流高校同样不比二流高校好多少。

　　总之，如果孩子能做到"构造一个好的小圈子"和"主动学习"，那么在二流大学里也可以接受一流教育。

第九章
自我驱动力促孩子探寻更大的世界

在工业时代，自我驱动力并非如此重要。子承父业，或者孩子沿着父母安排的道路前行，是很常见的。

但在智能时代，社会变化愈加剧烈，父母很难再细致地安排孩子的成长路径。可取的不再是"安排"，而是增强子女的自我驱动力，让他们自行探索自己的无限可能性。

一、什么是自我驱动力

英语教学专家曲刚写过一篇文章，认为没唤醒孩子生命内力的家长都是不合格的。

一位年轻妈妈来自四川的一个小城市，她无比爱她的女儿，带着12岁的女儿来北京向我学习英语，在北京待了半个月。

　　这位妈妈很郑重地问我："曲刚老师，有孩子的这 12 年来我一直有一个很大的愿望，就是送给孩子一个最大的礼物，这个礼物就是让孩子上美国哈佛或耶鲁大学，我这么远带她来北京向你学英语，都是为实现这个大理想。可我一直不知道这个理想如何才能实现，您对教育问题研究得这么深入细致，我很信任您，您能不能帮助我设计出一个长远的规划来，协助我一步一步把女儿送进哈佛或耶鲁大学？"

　　我思考片刻后单刀直入地说："你在教育女儿上所做的一切牺牲和努力可谓可歌可泣、感天动地，但遗憾的是，你和很多父母一样，在教育问题上忽视了一个最该做的事情——唤醒孩子的生命内力！"

　　这位妈妈听我的讲话本想立刻动笔记，但听到"唤醒孩子的生命内力"时她一下子停住了，她被这个突如其来的奇怪名词搞愣了。

　　我见时机成熟了就直接地说："请原谅我把话说得非常直白、非常刻薄，甚至非常狠毒——所有没唤醒孩子生命内力的家长都是不合格的家长，都是愚蠢的家长，搞不好还是残害孩子的家长！"

　　"你要小心，你对孩子的一切牺牲和用心不见得能得到最好的回报，孩子不一定沿着你设想的哈佛耶鲁路线走，孩子再大一些，上了中学，搞不好会和你陷入双累、互恨的困难关系，就像无数中学生与家长的关系那样，陷入互不买账的僵局困境。"

　　我的话着实吓了这位妈妈一跳，她听出我把她含辛茹苦的努力都否定掉了，她不解地期待着我将话展开说下去，期待我把内力、觉醒……什么的都说个明白。

我一口气说道："每个人的身体里都有两股力量，一个是我们表面上看得到的肢体力量，叫作生命外力，一个是我们表面上看不到的心理力量，叫作生命内力。人的肢体力量显然是弱小的，即使是最有劲的大力士，他的力量也没有一头普通的牛有劲，他所能举起的重量也是有限的。

"而人的心理力量一旦被唤醒，则是巨大无限的，能改天换地，无坚不摧，势不可挡。过去说一切人间奇迹都是人创造的，今天我告诉你，具体地说是由人的心理内力创造的。人的一生强大与否、成功与否、幸福与否、快乐与否，不取决于他的肢体力量，也不主要取决于他的知识力量，而主要取决于他的心理内力。"

我继续说："当代社会人们对教育的一个普遍错误认识是认为'知识就是力量'或'技术就是力量'，甚至过分畸变为'考分就是力量''名校就是力量''出国就是力量'，并在这个方向上越走越远，这都是因为人们普遍没有意识到心理力量才是最强大无比的力量。

"心理内力是上帝公平地安插在每个人身体里的一股无比巨大的力量，它就像一块无比巨大的核电池一样存在于每个人的身体中。但上帝和每个人都开了一个小小的玩笑，即没有告诉人们这个巨大电池的存在，只让少数人通过受教育来激活和唤醒这个电池。

"人所受的一切教育活动，都是在激活和唤醒人体内的这个巨大电池。如果最终没有唤醒心理力量，一切教育活动就都是失败的。而只要能唤醒这个心理力量，则上什么学，学什么专业，到哪里去上学，受什么教育都可以。这就好像只要能到达河的对岸，走什么桥都可以一样。

"你教育孩子的最大失误，就是把每天完成作业和将来考上哪个学校这样的小目标当成了教育孩子的大目标，而没有觉悟到通过教育活动唤醒孩子的心理内力才是教育的总目标。你和孩子所取得的一切骄人成绩，都不是孩子心理内力觉醒的结果，而是你的肢体力量加上孩子的肢体力量联合的结果，这两股弱小的身体力量再怎么拧到一起也大不到哪去，因此你们母女俩费了九牛二虎之力也不过就完成个区区的小学生教育，并且连你自己都没信心，这条费劲的路能走多远。"

我的话让这位妈妈既愣了又好奇地迷惑了，她顾不上记笔记，而是安静下来默默地思索着，想找出什么问题来问我，又一时找不出问题来。她想了一会儿问我说："曲刚老师，按照你的观点，所有成功的人士都是靠心理内力成功的，是吗？"

"是的，不过我说的成功和你说的成功可能不太一样，你说的成功可能更多指名和利上的成功，那种成功不一定非靠心理内力，靠关系、靠机遇也可成功，而我说的成功，指内心不弱小、有幸福感、有满足感、有成就感、有自由、有尊严的成功，这种成功的人可能默默无闻，在名利上不张扬，但他们却可以问心无愧地对自己说，一生幸福无憾。"

我继续说："你让孩子上哈佛耶鲁，说白了，不就是想让孩子一生强大、安全、自信、幸福、自由吗？那么我告诉你，再有名的大学也不过只是个牌子而已，而不是保险箱，只有让孩子的心理内力觉醒了，赋予她一生使不完的巨大力量，才是你送给她的一个最好的礼物。"

曲刚老师说的生命内力，其实就是人的精神生命的自我驱动力。

自我驱动力，是一种相对持久的具有主动性的动机。

动机会激发和引导我们的行为。可能的动机有需要、诱因、害怕、目标、社会压力、自信、兴趣、好奇心、信仰、价值、期望等等。短期行为的动机对我们激发孩子的学习动力帮助不大，长期行为的动机对我们激发孩子的学习动力帮助比较大，长期主动性行为的动机对我们激发孩子的学习动力帮助最大。

自我驱动力，就像汽车的钥匙。家长找对了钥匙，就能给汽车引擎点火，汽车就能奔驰而去。孩子有了自我驱动力，就像引擎点火后的汽车一样，随时准备上路，目标就是他的方向。

没有唤醒孩子自我驱动力的家庭教育，不是成功的家庭教育。

同样，没有唤醒孩子自我驱动力的学校和老师，不是合格的学校和老师。我们回想起从前教授我们的老师，印象深刻的，往往不是那些学问丰富、技能精良的老师，而是那些促使我们产生求知兴趣的老师。

学校和老师应该努力使学习成为孩子丰富多彩的精神生活的一部分，这样的精神生活才有助于孩子的发展，有助于丰富他的才智，激发他的自我驱动力。

自我驱动力为什么那么重要？

古往今来，杰出的科学家、艺术家、文学家无不是靠自我驱动，靠自己学习才有所发明、有所创造的。谁能教莎士比亚成为莎士比亚？谁能教爱因斯坦宇宙的根本原理？谁能教鲁迅先生刻画出阿Q的形象？自我驱动力是创新的基础。

自我驱动力是孩子在智能时代获得成功所必须具备的。

自我驱动力带来的学习，实质在于，人愿意动脑筋，有一种想进行思考，想完成其中有许多困难的智力任务的愿望和志向。人因此能享受到脑力劳动带来的快乐——相比物质享受，它带来的快乐更加强烈和持久。

自我驱动力带来主动性的学习。

没有学习主动性，人在心不在，浪费时间，浪费生命，浪费金钱，得到的却很少，可能只能学到老师讲的一点点，而且容易忘记。无论教师教得多么出色，无论学习机会多么难得，没有学习动力者学不到任何东西。没有主动性，学的内容很快便会忘掉。

而有学习主动性的人，能够通过思考，把自己先前所学的知识和当前的学习任务联系起来，深入理解新知识。如果把思考看作是在前概念和教学内容之间搭建一座桥，那么，唯有主动思考才能搭建这座桥。

有学习主动性，自主学习时效率最高、记忆效果最佳。

有学习主动性，能够主动去问，自己去学，学到老师没讲的内容，并超过老师。

自我驱动力能带来持续的自我教育。

一生著述近500本书、科幻小说三巨头之一、原波士顿大学生物化学教授艾萨克·阿西莫夫在 *Science Past, Science Future* 里写道：

> 我广泛地阅读科学和历史领域的作品，这让我不仅在学校里更容易完成功课，还让我养成了自我教育的习惯。
>
> 我坚信：自我教育是这个世界上仅有的一种教育形式。
>
> 学校的唯一职能是让自我教育更简单。如果不能做到这一点，学校毫无用处。
>
> 更重要的是，学校里的正规教育总有停止的时候，但自我教育永无停歇。
>
> 比如，我在物理学上接受的正规教育只有在高中的一年，但正是通过自我教育，我能够写出 3 卷物理学的书籍。更不用说我写过的几本关于天文学的书籍了，我在天文学上几乎没有接受过任何正规教育。
>
> 自我教育不是什么高深的概念，但必须要说的是，大部分人的教育，在他们从学校毕业的那一刻已经停止了。

巴菲特的搭档查理·芒格说：

> 我不断地看到新人有所成就，不是因为他们是最聪明的，有时候他们也不是最勤奋的，他们只是学习机器。他们每天睡觉时都比起床时更聪明一点。一点一点地积累，这真的非常有用，尤其是当你要走一条很长很长的路时。

总而言之，增强子女的自我驱动力，才是家长须臾不可忘的事情。

车子要去开，而不是推，有了自我驱动力的孩子就像加满油的车子，马力十足，驶向他心中的目的地。

二、自我驱动力来自哪里

自我驱动力很复杂。各种自我驱动力的强度及可能性不均等，各种自我驱动力又相互重叠。自我驱动力还与环境相关。

常见的自我驱动力有：

（一）来自"人的基本需要"

人的基本需要有生理、安全、归属与爱、尊重、自我实现的需要。

孩子对生理、安全、归属与爱、尊重的需要，家长应该无条件满足。但孩子在要求得到这些需要的满足时，常常会忘记爱，忘记尊重家长、别人，从而表现出以自我为中心的特征。所以，单纯的对孩子需要的满足是不够的，对孩子的爱和尊重，必须与对自己作为家长或成年人应得到的爱与尊重协调起来。

比如，孩子想买一样东西，家长爱孩子，可以给孩子买，但最好不要马上买，孩子也应该爱父母，要懂得减轻父母的负担，只在真的需要的时候买。家长应该对孩子说明这个道理，不应该太轻易、无条件、过度满足孩子的物质欲望，否则，孩子会习以为常，忘记"天上不会掉馅饼""有舍才有得"的道理，索求无度。家长也可以要求孩子先完成某一学习任务才能买，孩子在这种情况下能坚持下来的，一定是真的需要。

家长应该激发孩子对学习成就、胜任，以及面对世界时的自信、独立和自由等的尊重需要。"尊重需要的满足导致一种自信的感情，使人觉得自己在这个世界上有价值、有力量、有位置、有用处和必不可少。"[1]

（二）来自好奇心和兴趣

很多孩子的好奇心和兴趣，在成长过程中被有意无意地扼杀了。家长一定要注意，不但要保护孩子的好奇心，培养孩子的兴趣，还应该引导孩子注意观察周围的各种事物和现象，留心事物之间的因果联系。

有些孩子的求知欲望和观察能力并不是天生的，它们是在孩子幼儿时期由成年人培养出来的。面对问题，不要轻易告诉孩子答案，而要不断提问，启发他思考。即使他回答不了大人的问题，即使最后是大人告诉了他答案，孩子在思考过程中，大脑里无数个神经细胞进行着最复杂的生化反应，大脑会变得更聪明，孩子意识里求知的火花也会被点燃。慢慢地，孩子会发现自己对某些领域特别感兴趣，这又会进一步促进他的成长。没有这一次次的思考过程，神经就只能停留在沉睡的状态，发育停滞，神经系统会丧失可塑性和灵活性，孩子就越迟钝，越难教育。

---

[1] 亚伯拉罕·马斯洛:《动机与人格（第三版）》,中国人民大学出版社2013年版。

（三）来自志向和人生意义

没有志向的人，注定碌碌无为。

　　一位记者随着国家扶贫人员到西北贫困地区，问一个放牛的孩子："你放牛做什么？"

　　"挣钱"。

　　"挣钱做什么？"

　　"娶媳妇"。

　　"娶媳妇做什么？"

　　"生娃"。

　　"生娃做什么？"

　　孩子回答："放牛！"

　　人生志向决定人生高度。志向能够激发我们的意志和激情，产生强大的自我驱动力，激励我们以积极、主动、顽强的精神投身于生活、工作。有远大志向的人，才能对人生抱有积极向上的进取精神和乐观态度，才能对工作抱有无限的热忱。

　　以个人出人头地为志向的人，会加倍努力，奋进，最终取得成功。我们可以设置不同的目标，比如取得好成绩、买大房子，但当这一切都实现后，我们可能会感到空虚，感到自我驱动力的消失。

　　如果到某一成功阶段，能将志向升级为适合自己的人生意义，那么我们将拥有更强大的自我驱动力，更加成功，并且幸福。

　　适合自己的人生意义，目标必须是自发的，它是为了实现自我存在的意义，而不是为了满足社会标准，或是迎合他人的期望而设定的。当我们有这种目标感时，那种感觉就像是听到了"真我的召唤"，它也被称为使命感。就像萧伯纳所说，"这才是生命的喜悦，那种为了源自真我的目标而奋斗的感觉"。

不同的人会从不同的事情里找到意义：创业、科研、做义工、抚养子女、行医等。这些都是超越小我，比我们自身更大的东西。

北大在任时间最长的校长蒋梦麟先生当年曾说过："教育如果不能启发一个人的理想、希望和意志，单单强调学生的兴趣，那是舍本逐末的办法。"此话今天听起来依然难能可贵。

教育不是注满一桶水，而是点燃一把火。是的，家长最重要的就是要鼓励孩子寻找自己的人生意义，为孩子点燃引发自我驱动力的人生意义的引线。

人生意义是最大的自我驱动力来源。

当孩子找到他的人生意义时，他的自我驱动力便全开了。由此引发的学习动力比功利的目标引发的动力要持久、强劲得多。

当孩子自我驱动力全开时，就再也没有什么东西能阻挡他前进了，家长就再也不需要费心思去激发孩子的自我驱动力了。孩子因此废寝忘食的时候，家长甚至要提醒他注意身体呢。

跋

智能时代家庭教育最重要的原则

家庭教育问题的产生，通常是多种原因导致的，头痛治头脚痛治脚的办法是行不通的，问题的解决，需要立足于对家庭教育问题进行全面深入思考的总体框架。

比如，一些孩子长期沉迷于网络、手机、iPad 游戏等虚拟世界，这多半是家庭教育多个方面长期出问题的结果。

家长首先要想明白，主要原因在自己身上，然后对照智能时代家庭教育最重要的原则逐一改变自己：

1. 真爱子女，重视家庭教育。

2. 培养孩子的良好品格。

3. 激发孩子的自我驱动力。

我看过那么多家庭教育书籍，那么多家庭教育案例，不断问自己，家庭教育最重要的原则是什么？现代人这么忙，只要花一点时间，掌握了最重要的原则，就找到了解决 90% 以上家庭教育问题的答案。最后，我总结的家庭教育最重要的原则就是上面这三条。

全书就是这三条原则的展开。

家长要真爱子女，无条件地爱孩子，关注孩子精神生命的发展。真心赏识孩子，使孩子产生"我是好孩子"的良好自我心理暗示。每个孩子都能学会走路，每个孩子都能学会讲话，每个孩子也都能成才，只要家长像用欣喜的态度看着孩子学走路、学说话一样,去看待求学阶段的孩子,孩子必定会成才。

家长要重视培养孩子的良好品格。智能时代,决定孩子成功的最重要因素,并不是我们给孩子灌输多少知识,而在于孩子有没有具备良好品格。品格制胜,良好品格——善、强、真、美,是一个人的成功之源,也是一个人的幸福之源。

家长要重视激发孩子的自我驱动力。自我驱动力带来主动性的学习、持续的自我教育和创新,是孩子在智能时代获得成功所必须具备的。有自我驱动力的孩子,会持续探索自己的无限可能性,就像一辆马力十足的有导航的汽车,遇到障碍会越过,或慢或快,总归能到达目的地,取得让自己无憾的成绩。

亲爱的家长朋友,如果您能在实践中慢慢体会这三条智能时代家庭教育最重要的原则,建立起对智能时代家庭教育问题进行全面深入思考的总体框架,相信您一定能成为智能时代好家长。

最后,衷心祝愿您的孩子健康成长,充分发挥自己的潜能,在智能时代成为赢家!

致　谢

感恩父母，创造了良好的物质条件，使我得以自由自在地听从内心想法投入写作这项工作。

感谢妻子，承担了家庭后勤工作，让我得以把时间花在写作上。

感谢赵敏祥老师，将我引入教育领域。

由于水平有限，书中错误之处在所难免，恳请广大读者批评指正，先行致谢！

此外，还要感谢社会。我身上没有一样东西是经由我本人的双手制造出来的，都是别人制造的产品。这别人，正是全社会。我经常感觉到，我的生活是如此舒适、惬意，以至于我经常有一种亏欠社会的感觉，写这本书算是回报万一吧。

看历史书，经常会心生感叹，我们何其幸运，生活在这个时代！